MONSTER LAKES
by Anita Ganeri, illustrated by Mike Phillips
Text copyright ⓒ 2005 by Anita Ganeri
Illustrations copyright ⓒ 2005 by Mike Phillips
All rights reserved.
Korean translation copyright ⓒ 2009 by Gimm-Young Publishers, Inc.
This Korean edition was published by Gimm-Young Publishers, Inc. in 2009
by arrangement with Scholastic Ltd. through EYA(Eric Yang Agency), Seoul.

이 책의 한국어판 저작권은 에릭양 에이전시를 통해 Scholastic Ltd.와 독점 계약한
(주)김영사에 있습니다. 저작권법에 의하여 한국 내에서 보호를 받는 저작물이므로
무단 전재와 복제를 금합니다.

호수가 넘실넘실

앗, 이렇게 재미있는 사회·역사가!

애니타 개너리 글 | 마이크 필립스 그림 | 위문숙 옮김

주니어김영사

호수가 넘실넘실

1판 1쇄 인쇄 | 2009. 6. 22.
개정 1판 1쇄 발행 | 2019. 12. 5.

애니타 개너리 글 | 마이크 필립스 그림 | 위문숙 옮김

발행처 김영사 | 발행인 고세규
등록번호 제 406-2003-036호 | 등록일자 1979. 5. 17.
주소 경기도 파주시 문발로 197(우:10881)
전화 마케팅부 031-955-3100 | 편집부 031-955-3113~20 | 팩스 031-955-3111

값은 표지에 있습니다.
ISBN 978-89-349-9854-9 74080
ISBN 978-89-349-9797-9 (세트)

좋은 독자가 좋은 책을 만듭니다. 김영사는 독자 여러분의 의견에 항상 귀 기울이고 있습니다.
독자의견전화 031-955-3139 | 전자우편 book@gimmyoung.com
홈페이지 www.gimmyoungjr.com | 어린이들의 책놀이터 cafe.naver.com/gimmyoungjr

이 도서의 국립중앙도서관 출판시도서목록(CIP)은 서지정보유통지원시스템
홈페이지(http://seoji.nl.go.kr)와 국가자료공동목록시스템(http://www.nl.go.kr/kolisnet)에서
이용하실 수 있습니다. (CIP제어번호 : CIP2019031411)

어린이제품 안전특별법에 의한 표시사항

제품명 도서   제조년월일 2019년 12월 5일 제조사명 김영사 주소 10881 경기도 파주시 문발로 197
전화번호 031-955-3100 제조국명 대한민국 ⚠주의 책 모서리에 찍히거나 책장에 베이지 않게 조심하세요.

차례

들어가는 말 7
호수의 이모저모 11
고요한 물 30
호수에 사는 생물 50
호수에서 살아가기 72
넘실넘실 호수 탐험 91
줄줄 새는 호수 121

들어가는 말

지리는 정말이지 지긋지긋하다. 도대체 지리 선생님들은 왜 지루한 설명만 늘어놓는 거지? 이런 장면을 한번 상상해 보라. 두 시간짜리 지리 수업을 받는 중인데, 눈꺼풀이 감기고 고개가 무거워진다. 아뿔싸, 바로 그때 지리 선생님이 끔찍한 아이디어를 생각해 낸다. 다음 순간, 여러분은 축축하기 그지없는 호숫가에 서 있는 거다.

우웩, 가슴까지 온통 질퍽질퍽한 진흙으로 덮인 데다 머리에는 물풀을 뒤집어썼군. 어이쿠, 저런. 선생님이 넌더리 나는 현장 학습을 시작할 모양이다. 기분이 고약하겠는걸?

엎친 데 덮친 격으로 선생님의 짜증 나는 목소리가 주절주절 이어진다. 헉! 도대체 뭔 소리?

의사 선생님을 찾아가고 싶다고? 걱정은 그만. 물에 좀 젖었다고 설마 생전 처음 들어 본 병에 걸리기야 하겠어? 지리 선생님이 바닥이 편평한 호수를 거창하게 표현했을 뿐이다.

다행히도 이 세상 지리가 모조리 답답하고 골치 아프진 않다. 정말 기가 막히게 재미있을 때도 있다. 도저히 못 믿겠다고? 그럼 기기묘묘한 호수는 어때? 거기라면 눅눅한 샌드위치나 꽁꽁 얼어붙은 발 따위는 신경 쓸 겨를조차 없다. 그런데 바로 이 책에는 제일 크고, 제일 높고, 제일 깊은, 상상을 초월한 호수들만 골라 놓았다. 생각만 해도 가슴이 벌렁벌렁거리지? 더구나 그 호수들은 섬뜩하고 음침하고 묘한 구석이 있어서, 괴물이 바닥을 누빈다는 소문까지 떠돈다. 물론, 여러분이 용기를 낸다면 잠깐 들러 볼 생각도 있다.

그것만이 아니다. 손수건만 한 웅덩이부터 바다만큼 커다란 것까지, 세계 곳곳의 다양한 호수가 여러분을 기다린다. 《호수가 넘실넘실》에서 여러분은······.

- 화산 꼭대기에 있는 호수를 찾아간다.

- 옛날 옛적의 수중 호수 마을을 방문한다.

8

- 호수의 물이 점차 줄어드는 이유를 밝힌다.

- 호수 안내자인 블레이크와 함께 호수 괴물을 찾아 나선다.

선생님이 하는 이야기는 한 귀로 듣고 한 귀로 흘려 버려라. 이렇게 짜릿짜릿한 지리는 처음일 테니까. 귀가 저절로 쫑긋거릴 만큼 흥미진진할 것이다. 그러니 쭈뼛대지 말고 첫 장으로 풍덩 뛰어들어 보길. 호수에 대한 어마어마한 사실을 알고 나면 온몸이 부르르르 떨릴 것이다. 앗, 잠깐! 호수에서 멋대로 물장난하면 위험하다. 잔뜩 열 받은 괴물이 불쑥 올라와 징그러운 걸 척 올려놓을지도 모르거든.

호수의 이모저모

눈을 감고 호수를 떠올려 보길. 젖지 않도록 조심조심. 등에 혹이 불룩 솟아오른 괴물 말고 뭐가 보이지? 질척거리는 진흙, 잡초처럼 보이는 식물, 물장구치는 오리 한두 마리가 고작이라고? 하품이 나올 지경이군. 그러나 호수는 눈에 보이는 게 전부가 아니다. 진짜다! 지루한 지리학자에게 물어보라(꽈배기처럼 배배 꼬인 대답이 나오더라도 절대 당황하지 말 것. 지리학자들은 원래 호수에 대해 주절주절 떠벌리는 걸 무지무지 좋아하니까). 아무튼 그들의 말을 그대로 옮기자면…….

내 말이 맞지? 그나저나 우리의 흥분한 전문가께서 주절주절 떠들어 댄 아리송한 말은 무슨 뜻일까? 못 알아들었다고 풀이 죽을 필요는 없다. 호수는 우묵한 땅에 물이 괴어 있는 곳이라는 말을 고상하게 늘어놓은 것이니까. 맙소사!

'호수'는 고대 그리스어에서 따왔으며 '구멍' 또는 '연못'을 뜻한다. 그렇다고 이 호수나 저 호수나 모두 똑같다고 여긴다면 완전 착각이다. 지리 선생님들이 그렇듯 호수도 모조리 제각각이다. 욕조만 한 보잘것없는 호수부터 한 나라와 맞먹을 정도로 거대한 호수까지 전부 다르다. 아래 지도에서 전 세계적으로 10위권에 드는 거대한 호수를 살펴보자.

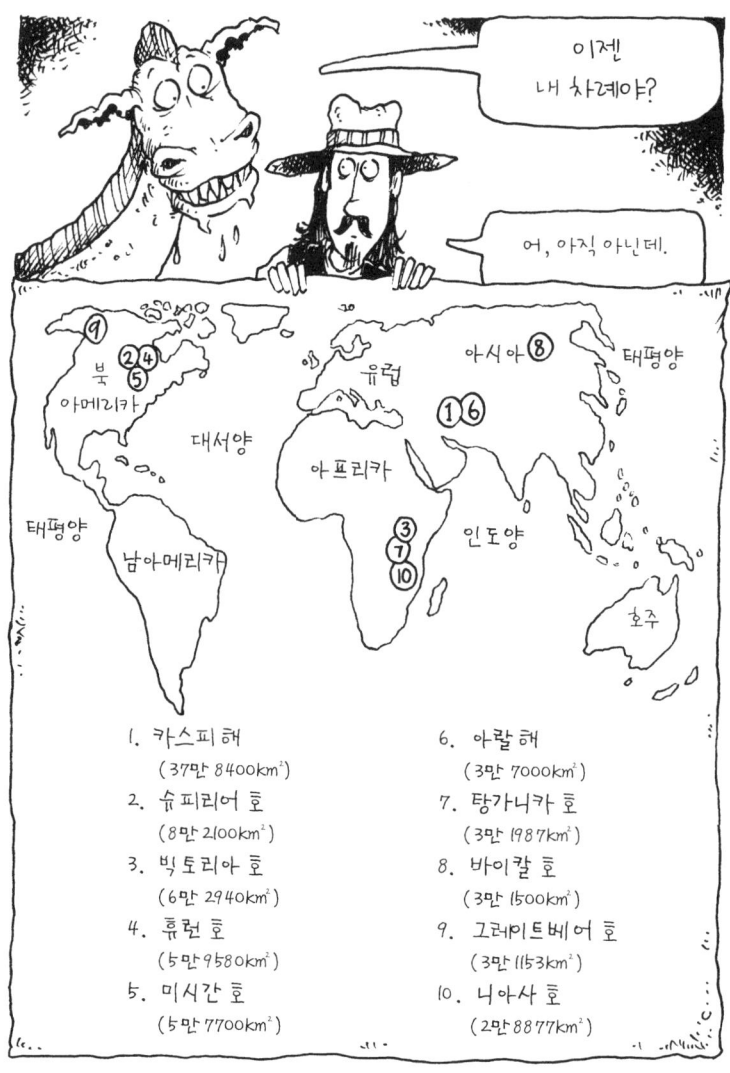

1. 카스피 해
    (37만 8400km²)
2. 슈피리어 호
    (8만 2100km²)
3. 빅토리아 호
    (6만 2940km²)
4. 휴런 호
    (5만 9580km²)
5. 미시간 호
    (5만 7700km²)
6. 아랄 해
    (3만 7000km²)
7. 탕가니카 호
    (3만 1987km²)
8. 바이칼 호
    (3만 1500km²)
9. 그레이트 베어 호
    (3만 1153km²)
10. 니아사 호
    (2만 8877km²)

선생님 골려 주기

선생님이 꿈속을 헤매는 것 같다고? 그럼, 손을 번쩍 들고 아주 간단한 질문을 던져 봐.

선생님이 잠깐 넋을 놓고 있는가 싶더니, 호수에나 풍덩 빠지라며 버럭 화를 내시겠지?

답:
그렇기도 하고, 아니기도 하고! 딱 잘라 말하면, 카스피 해는 세계에서 가장 큰 호수다. 아니, 해변이 없는데 왜 카스피 호가 아니라 카스피 해라고 부르는 거냐고? 좋은 질문이다. 크기가 어마어마한 카스피 해는 맑은 담수로 가득 찬 게 아니기 때문이다. 바다처럼 짜디짜다. 세계에서 가장 큰 담수호는 슈피리어 호다. 이 거대한 슈피리어 호의 물을 끌어내면 남아메리카와 북아메리카 전체에 무릎까지 물이 차오를 거다. 금붕어들은 신 나겠지만 사람들은 짜증 날 정도로 흠뻑 젖겠지. 슈피리어 호는 너무 넓어서 유럽 사람들은 바다로 착각하기도 했다. 그 당시에는 슈피리어 해라고 불렀을지도 모른다. 갑자기 무지무지 헷갈리지?

넘실넘실 호수 파일

이름: 카스피 해
위치: 중앙아시아
면적: 37만 8400km^2
최대 수심: 1025m

놀라운 사실:

- 카스피 해의 3분의 2는 유럽에서 가장 길다는 볼가 강의 강물로 채워진다. 나머지는 주로 빗물이다.
- 2억 9000만 년 전, 카스피 해는 태양이 지글지글 내리쬐는 지중해의 일부였다. 그러다 지각이 꿈틀거리는 바람에 지중해에서 떨어져 나와 호수가 되었다.
- 카스피 해의 특산물은 캐비아다. 쉽게 말해 철갑상어의 알인데 굉장히 고급 음식이다. 한 입 맛보고 싶다면 하루라도 빨리 돈을 모아야 할 거다. 카스피 해의 철갑상어 알을 먹으려면 딱 한 숟가락에 무려 50파운드, 우리 돈으로 10만 원 정도(2009년 기준)를 내야만 한다.
- 그 지역에서는 카스피 해를 게르칸스크라고 부르기도 하는데 '늑대의 나라' 라는 뜻이다. 그러니 "어우우우" 하는 울음소리가 들리면 후다닥 뛰어라.

호수는 어떻게 생겼을까?

호수에 대해 휘리릭 살펴보았다. 그런데 곳곳에 호수가 생긴 이유가 궁금하다고? 고리타분한 지리학자한테 속 터지는 설명을 듣기 싫다면, 블레이크의 〈넘실넘실 호수 안내서〉를 참고하는 게 어때? 호수가 어떻게 만들어졌는지 속속들이 알 수 있거든.

이름: 빙하호

모양: 큼지막한 호수로, 흔히 볼 수 있다.

대표적인 곳: 오대호(캐나다와 미국), 호수 지방(영국), 제네바 호(스위스), 호르닌달스바트네(노르웨이)

생기는 과정: 빙하호는 수백만 년 전에는 거대한 얼음 덩어리인 빙하에 덮여 있던 곳이다. 시간이 지나면서 어마어마한 빙하가 슬금슬금 미끄러지며 바위들을 와르르 끌어내렸다. 커다란 건설 장비처럼 말이다. 빙하가 바닥을 긁으며 지나가자 수백 개도 넘는 호수 모양의 구멍이 생겼다. 빙하는 하단에 바위를 잔뜩 남겨 놓은 채 이동했고, 길이 막힌 강물은 더 이상 뻗어 나가지 못했다(빙하에 웬 꽃밭이냐고? '화단'이 아니라 '하단'이라니깐. 하단은 빙하의 끝 부분을 가리키는 전문 용어로 얼음이 녹는 지점이다).

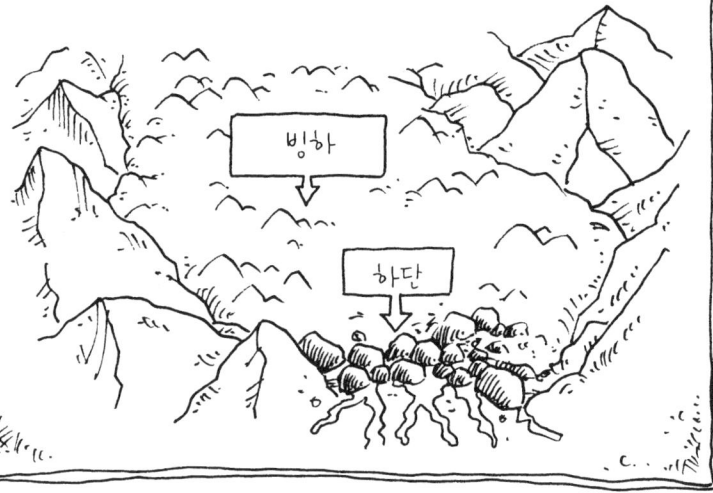

이름: 화산호

모양: 자그마하고 깊은 호수로 물이 무척 깨끗하고 파랗다.

대표적인 곳: 오리건 크레이터 레이크(미국), 니오스 호(카메룬), 토바 호(수마트라)

생기는 과정: 눈과 비가 화산의 가파른 분화구를 채워 호수를 이룬 곳이다. 시뻘겋게 달아오른 마그마(반 액체 상태의 바위)가 지각(늦어서 학교에 헐레벌떡 달려가는 걸 말하는 게 아니라, 지구의 바위 표면을 가리키는 말이다)의 틈을 뚫고 용솟음치는 순간, 화산이 폭발한다. 마그마가 펑 소리와 함께 요란하게 터져 나오면 화산의 꼭대기는 휙 날아가 버린다. 결국 지름이 수십 킬로미터에 이르는 커다란 분화구만 남는다.

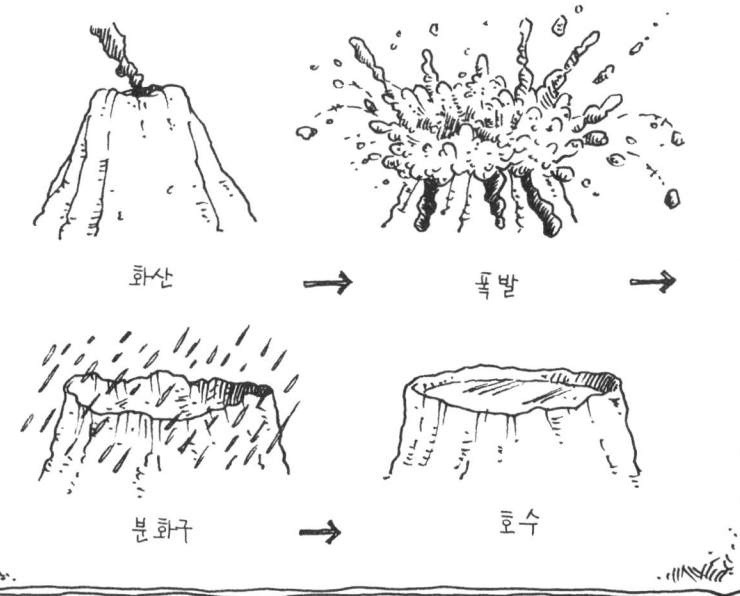

화산 → 폭발 → 분화구 → 호수

★ 요건 몰랐을걸!

거대한 분화구에 있는 호수 중에는 화산 폭발과 전혀 상관없이 생겨난 것도 있다. 과연 무슨 일이 있었을까? 놀랍게도 수천 년 전에 운석이 지구에 떨어지면서 생긴 분화구다. 벌렁 나자빠질 이야기라고?

이름: 우각호

모양: 쇠뿔처럼 생긴 작은 호수

대표적인 곳: 미국의 미시시피 강과 브라질의 아마존 강 주변에 많다.

생기는 과정: 강이 휘어져 흐르는 곳을 물살이 빠르게 돌아가다 생겨났다. 강이 평지에서 한쪽 강둑을 따라 완만하게 돌면 모래와 진흙이 쌓인다. 그러나 건너편 강둑으로는 빠르게 돌며 침식을 한다. 그 결과 강은 커다란 S자 모양의 곡류를 이루며 흐른다. 그런데 어느 순간, 강줄기가 바뀌어 곡선이 아니라 직선으로 흐르면서 쇠뿔 모양의 우각호가 생긴다.

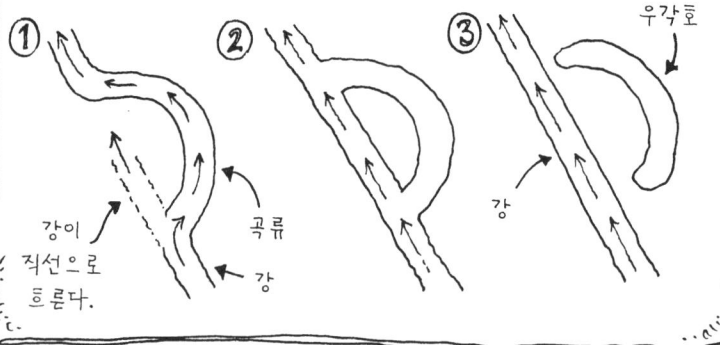

궁금해할까 봐 알려 줄게.
우각은 쇠뿔이야. 그런데 이런 호수를 멍에(ox-bow)라고 표현하지.
멍에는 소의 목에 얹는 구부러진 막대로 예전에 쟁기를 끌 때 쓰던 도구야.
응? 궁금해한 적이 없다고?

이름: 열곡호

모양: 쇠사슬처럼 이어진 좁다란 호수

대표적인 곳: 니아사 호(아프리카), 탕가니카 호(아프리카), 투르카나 호(아프리카), 빅토리아 호(아프리카), 바이칼 호(시베리아)

생기는 과정: 우선, 편안하게 앉아 보길. 열곡호에 대해 아주 감동적인 이야기를 들려줄 테니까.

열곡호에 얽힌 아주 감동적인 이야기

열곡호에 대해 둘째가라면 서러워할 사람은 바로 스코틀랜드의 탐험가인 존 월터 그레고리(1864~1932)이다. 존은 아프리카의 대열곡을 찾아내 지도에 올려놓았다. 흠, 이런 질문이 나올 수도 있겠군. "그게 뭐 그리 대단한가요?" 그러나 지리학적으로 말하자면 입이 딱 벌어질 정도의 발견이다. 이 어마어마하게 큰 계곡은 지각이 아주 길게 갈라진 곳으로 아프리카의 홍해에서 모잠비크까지 무려 6500km에 이른다. 약 4000만 년 전부터 갈라지기 시작했는데, 폭이 200km인 곳도 있다.

따라서 지리학자들도 대열곡에 대해 이미 알고 있었지만(얼뜨기 지리학자라도 한눈에 알아볼 만큼 엄청 컸으니까), 어느 누구도 그것이 어떻게 생겨났는지에 대해서는 전혀 실마리를 찾지 못했다.

존은 스코틀랜드에서 태어났으며 런던에서 가족과 함께 살았다. 존의 아버지는 부유한 모직물 상인으로 존에게 가업을 물려줄 작정이었다. 그러나 존은 전혀 다른 곳에 관심을 쏟았다. 아무 쓸모 없는 바위의 자료를 찾거나 지리학 책을 읽느라 시간 가는 줄 몰랐던 것이다. 여러분이 생각해도 어이가 없지? 아무튼 존은 주머니마다 돌멩이를 채워 넣는 괴상한 취미 때문에 '포켓'이라는 별명으로 불렸다.

기를 쓰고 공부에 매달리던 존은 모직 사업을 포기하고 런던 대학으로 떠났다. 나중에는 국립자연사박물관에 일자리를 얻었으며 거기에서 나름대로 이론을 세워 나갔다. 존은 지구의 움직임 때문에 열곡이 생겨났다고 주장했다. 안타깝게도, 그 의견에 맞장구치는 사람은 단 한 명도 없었다.

그 당시 지리학자들은 열곡에 틈이 생긴 것이 바람과 물 때문이라고 생각했다. 존에게는 확실한 증거가 필요했다.

> 여러분은 발밑의 땅이 바위처럼 단단하다고 느낄 거야. 다들 벌떡 일어나 쿵쿵 뛰어도 될 만큼. 그런데 지구는 판이라는 거대한 조각으로 나누어져 있어. 쉽게 말해, 어마어마하게 큰 삶은 달걀을 무지무지하게 커다란 숟가락으로 탁 때린 셈이지. 게다가 판은 뜨겁고 흐물흐물한 바위층 위에서 끊임없이 흔들거려. 그렇다고 떠내려갈까 봐 덜덜 떨 필요는 없어. 전혀 느끼지 못할 정도로 느릿느릿 움직이니까. 물론, 어디나 다 그런 건 아니야. 어떤 곳에서는 판들이 서로 부딪치고 밀어내는 바람에 판이 찌그러지거나 바위가 튀어나오기도 하지. 그 결과 커다란 산이 불쑥 치솟거나 땅이 푹 가라앉는 열곡이 생겨난 거야.

아프리카로 출발

1892년에 존은 괴상망측한 이론을 증명하기 위해 드디어 아프리카로 떠났다. 그는 뜨거운 열정을 가슴에 안고 소말리아를 가로질러 원정을 시작했다. 그러나 여행은 끔찍했고, 존은 말라리아(모기로 전염되는 치명적인 질병)에 걸려 죽음의 문턱까지 다녀왔다. 그러나 그깟 일로 물러설 존이 아니었다. 이듬해에 그는 다시 돌아왔다. 존은 현지 안내인 몇 명과 식량(채소 한 자루와 양 몇 마리)을 구하자마자 주먹을 불끈 쥐고 또다시 길을 떠났다. 그리고 이번에는 세상이 깜짝 놀랄 만한 업적을 이루었다. 아마도 존은 고국의 박물관 관장에게 아래와 같이 보고했을지도 모른다.

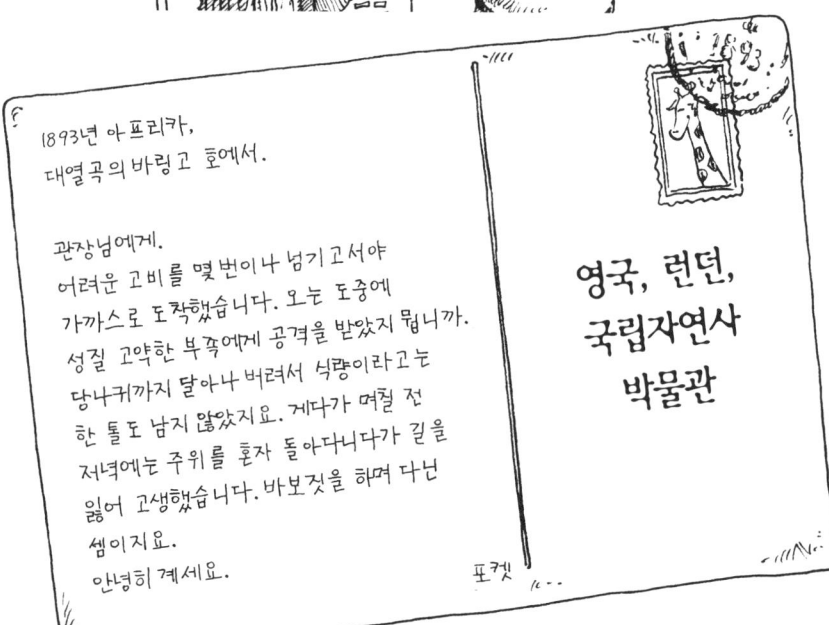

바링고 호에서, 얼마 뒤에.

관장님에게.
다행히도 주위에 굶주린 사자는 없답니다. 정작, 앞에 닥친 문제는 마실 물이 없다는 거지요. 코뿔소의 발자국에 고인 흙탕물이 고작입니다(걱정 마세요. 코뿔소는 멀리 갔으니까요). 강을 찾긴 했는데 악어들이 버티고 있더군요. 사실, 이런 불평은 어울리지 않습니다. 호수와 주변경치가 얼마나 아름다운지, 보고 있노라면 숨이 멎을 지경이거든요. 또 연락드리지요

포켓

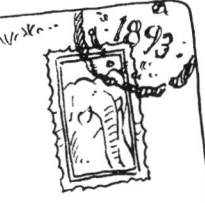

영국, 런던,
국립자연사
박물관

바링고 호에서, 더 뒤에.

관장님에게.
이젠 여기서 보내는 하루하루가 신이 날 따름입니다. 텐트를 세우자마자 호숫가로 가서 바위를 관찰했습니다. 아무래도 암석층의 배열이 계곡의 비밀을 말해 주는 듯한데……
과연 뭘까요? 역시 제 말이 맞았습니다. 머릿속으로 한번 그려 보세요. 이 마을 주변은 커다란 케이크를 잘라 놓은 것처럼 보입니다. 빵과 크림과 잼이 들어 있는 케이크 말입니다. 좀 더 자세한 건 다음번에……
편안히 지내세요.

포켓

영국, 런던,
국립자연사
박물관

바링고 호에서, 조금 더 뒤에.

관장님에게.
제가 말씀드린 커다란 케이크가 기억나시는지요?
케이크를 세 조각으로 나누어 막 집으려는데 가운데
부분만 쑥 내려앉으면 어떻게 될까요? 엉망진창이 되
겠지요. 열곡은 그런 케이크와 비슷하게 생겼습니다.
바위라는 점이 다를 뿐이지요. 지각에 놓인 판들이
단층(지각의 커다란 균열) 때문에 어긋난 거지요.
그 결과, 가운데 끼어 있는 암석이 가라앉으며
거대하고 가파른 계곡을 이루었어요.
호수가 생기기에 안성맞춤인 장소지요.
편안히 지내세요.

포켓

영국, 런던,
국립자연사
박물관

바링고 호에서, 훨씬 더 뒤에.

관장님에게.
참고하시라고 그림을 그려봤습니다.
누워서 떡 먹기, 아니 케이크 먹기처럼 간단합니다.

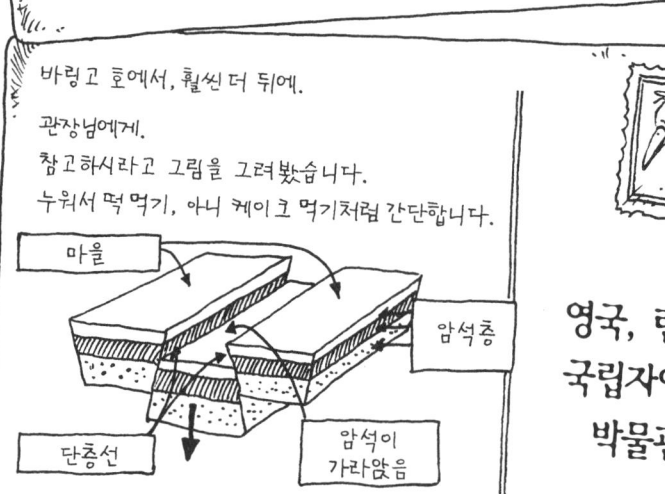

이제 그만 점심 먹으러 가야겠네요.
케이크 이야기를 하다 보니 배가 꼬르륵거려서요.
어서 뵙고 싶어요.

포켓

영국, 런던,
국립자연사
박물관

존은 집으로 돌아와 모험에 대한 책 두 권과 과학 논문 수백 편을 썼으며 글래스고 대학의 지질학 교수가 되었다. 게다가 대열곡의 일부에는 그의 이름까지 붙여졌다. 그러나 그의 이야기는 가슴 아프게 끝났으니, 다들 손수건이라도 준비하도록.

1932년, 존은 남아메리카의 페루에서 탐험을 계속하다가 카누가 뒤집히는 바람에 죽음을 맞이했다. 너무 안타까운 일이지? 주머니가 돌멩이로 가득 차 있다 보니 수영할 겨를도 없이 꼬로록 가라앉은 건 아닐까?

앗, 세상에 이런 곳이!

여러분이 바닥을 샅샅이 누빌 만한 호수를 찾고 있다면, 남극의 보스토크 호는 그냥 지나치는 게 좋을 거다. 얼음 밑 이 호수는 4000m나 되는 곳에 있기 때문이다. 따라서 인공위성으로나 겨우 호수의 위치를 알 수 있다. 과학자들은 인공위성에서 찍은 사진으로 보스토크 호가 미국 오대호 중의 하나인 온타리오 호와 크기가 비슷하다는 사실을 밝혀냈다. 호수가 생겨난 시기는 50만 년 전으로 보인다. 과학자들은 이 호수에 아직 밝혀지지 않은 박테리아가 있을 거라며 난리법석을 떨었다. 얼음장처럼 차가운 물속에 어떻게 꽁꽁 얼어붙은 박테리아가 살아 있지? 과학자들은 얼음에 구멍을 뚫고 움직이는 로봇을 넣어 보고 싶어 안달이다.

축하한다! 여러분은 발에 물 한 방울 튀기지 않고도 아슬아슬한 호수 탐험에서 살아남았다. 자칫하다가는 호소학자라도 되겠는걸. 아, 이맛살을 찌푸리지 않아도 된다. 아무나 붙잡고 호소하는 학자가 아니니까. 호소학자란 늪이나 호수를 연구하는 지루한 과학자다. 1892년, 스위스의 늪 전문가가 호수에 대해 깊이 연구하면서 그 용어를 만들어 냈다. 그는 골치 아픈 호수에 대해 끊임없이 연구했다.

여러분은 기가 막히게 운이 좋은 편이다. 바로 뒷장으로 넘어가면 그 모든 내용이 실려 있으니까. 다 함께 풍덩 뛰어들어 보자고.

고요한 물

선생님에게 호수의 공통점에 대해 여쭤 보자. 아마도 황당할 정도로 많은 호상* 정보를 읊어 대며 여러분을 잔뜩 주눅 들게 할 것이다. 그렇다고 어깨가 축 처진 채 기죽을 필요는 없다. 선생님 설명쯤이야 깡그리 무시해도 괜찮다(아, 벌써 한 귀로 듣고 한 귀로 흘렸다고?). 호수는 물로 가득 차 있다는 사실만 알면 충분하다. 알겠지? 간단한 사실을 알아내려고 유식한 지리학자까지 될 필요는 없다는 말씀.

어떤 호수는 담수로 가득 찬 반면에 몇몇 호수는 바다처럼 짜디짜다. 하지만 호수는 바닷물에 비하면 새 발의 피일 뿐이다.

*저런, 선생님이 기어코 한마디 내뱉으셨군. 호상이란 호수와 관계 있는 내용을 뜻하는 말이다.

★ 요건 몰랐을걸!

양 한 마리, 양 두 마리…… 세다 보면 양에 빠지기, 아차! 잠에 푹 빠지게 마련이지. 이번에는 눈을 감고 출렁출렁 호수를 세어 보는 건 어때? 그런데 지루한 지리학자들이 이미 백만 개도 넘게 세어 놓았다. 지리학자들이 걸핏하면 끄덕끄덕 졸았던 것도 다 이유가 있었군. 호수는 어디에서나 쉽게 볼 수 있지만 지구 전체 물 중에서 0.017%도 안 되는 양이다(지구 물의 97%는 주로 대양과 바다를 이룬다. 그 밖의 물은 담수이긴 해도 꽁꽁 언 빙하와 만년설이며, 강과 지하수의 형태로 흘러가기도 한다). 0.017%라면 정말 하찮은 양이다. 그러나 이 정도의 물로도 올림픽 수영장을 무려 740억 개나 채울 수 있다. 물이라도 확 뒤집어쓴 것처럼 깜짝 놀랐지?

물이 가는 곳

그런데 도대체 이 물은 어디에서 온 거지? 호수에는 어떻게 물이 항상 가득할까? 여러분이 다음 사실을 친구들에게 알려 주면 다들 입을 다물지 못할 거다. 오늘날 호수에서 출렁거리는 물은 아주 까마득한 옛날부터 있었던 물이다. 왜냐하면 물은 순환 과정을 통해 계속 돌고 도니까. 그러니 오늘 우리가 보는 커다란 오대호의 물도 먼 옛날 천방지축 공룡들이 놀던 웅덩이 물일지도 모른다. 우아, 어떻게 그럴 수가!

'순환'이란 말은 순환 버스에서나 들어 봤을 뿐이라 물의 순환 과정이 알쏭달쏭하다고? 걱정은 그만. 블레이크의 삼촌인 배관공 피트 아저씨가 여러분의 고민을 한 방에 해결해 줄 것이다. 피트 아저씨는 여러 해 동안 물의 순환 과정에 관계된 일에 몸담아 왔다. 아저씨는 여러분에게 무지무지 도움이 될 만한 도형까지 준비했다고 한다.

> 안녕, 여러분. 내 이름은 피트야. 물의 순환이 뭔지 몰라 골치 아파한다는 말을 들었어. 난 원래 스패너에 물을 묻히는 걸 질색이야. 그래도 배관작업에는 뭐니 뭐니 해도 스패너가 최고야.
> 그런데 이 작업은 만만치 않아서 자칫
> 실수하면 물에 빠져 허우적거릴 수도 있어.
> 그렇지만 걱정 붙들어 매도 폭.
> 내 말만 귀담아 들으면 아무 탈 없을 거야.

4. 물방울이 모여 구름이 되지. 쩨쩨하게 물방울 몇 개로 구름이라고 우기면 안 돼. 적어도 백만 개쯤은 모여야 구름이라고 할 수 있지.

5. 작은 물방울들은 구름 안에서 서로 달라붙기 마련이야. 그러다 물방울이 커지면 무게를 이기지 못해 비가 되어 떨어지지. 이제 마음 놓아도 되겠군. 구름에 새는 곳이 없으니 스패너를 쓰지 않아도 되겠어.

6. 구름에서 일이 착착 진행되었다면, 빗방울들이 바다로 떨어지거나 땅속으로 스며들 거야. 이제 호수를 출렁출렁 채우기만 하면 되겠군. 비는 호수로 곧장 떨어지기도 하고 강으로 떨어져 호수로 흘러들기도 하지.

들락날락 호수의 물

● 들어오는 곳은······.

1. 이젠 지리학자들도 물이 여러 가지 방법으로 호수에 흘러 들어온다는 것쯤은 안다. 우선, 비나 눈이 곧장 호수로 떨어진다. 흠, 코흘리개도 알 만큼 간단하군. 아프리카의 빅토리아 호는 무진장 크기 때문에 물의 양도 엄청나다. 그런데 호수의 3분의 2는 빗물로 채워진다. 수십억 개

의 물통에 담고도 남을 양이지.

  2. 때로는 산꼭대기의 빙하와 만년설이 녹으면서 호수로 흘러 들어온다. 북미의 오대호는 호수 물의 절반이 이런 식으로 채워진다. 그리고 오대호의 물은 도미노처럼 퐁당퐁당 연결된다. 즉, 슈피리어 호를 채웠던 물은 미시간 호로, 미시간 호의 물은 다시 휴런 호로 이어진다(결국 다섯 개의 오대호는 줄줄이 이어진 셈이다). 따라서 펄펄 내리는 눈의 양이 적으면 호수의 물 높이가 눈에 띌 정도로 팍 줄어든다.

  3. 굉장히 많은 양의 물이 지하를 통해 호수로 흘러 들어온다. 지하에는 비가 바위나 땅으로 스며들면서 모인 지하수가 있다. 지하수는 그저 몇 방울 똑똑 떨어지는 정도가 아니다. 전 세계의 강과 호수 물을 합친 것보다 무려 40배가 넘는 물이 아주 느릿느릿 여유롭게 움직이면서 여러분 발밑을 흘러가고 있다.

  호수의 물을 지하수로 충당하는 게 아니라서 얼마나 다행인지. 만약 그랬다면 물이 차기를 기다리다 목이 빠질

지도 모른다. 천천히 흐르는 지하수가 다시 표면으로 나오려면 수천 년쯤 걸리니 말이다.

4. 어리바리한 지리학자들은 호수 밑바닥에서 지하수가 퐁퐁 솟아오르는 걸 전혀 몰랐다. 그런데 1974년에 호기심 가득한 캐나다의 과학자들이 그 이론을 실험으로 옮겼다.

바로 이렇게 말이다. 그들은 캐나다의 퍼치 호 주변 땅에 짠물을 넣었다. 얼마 후 호수의 물을 살펴본 그들은 무엇을 알아냈을까?

a) 호수의 짠맛은 변함이 없었다.
b) 호수의 짠맛이 전보다 강해졌다.
c) 호수의 물에 곰팡이가 생기고 초록색으로 변했다.

답: b) 소금 용해수를 땅속에 부어 넣는 방법을 사용해서 과학자들은 지하수가 이 호수들로 흘러들었다는 걸 증명했다.

5. 강물은 어디로 휘몰아쳐 가는 걸까? 종착역은 바로 거대한 호수다. 강물은 흐르고 흘러 세계 곳곳의 호수로 향한다. 어떤 호수에는 수백 개의 강이 모여들기도 한다. 아프리카의 탕가니카 호에는 엄청난 양의 강물이 쏟아져 들어온다. 따라서 강물이 별안간 뚝 끊기더라도, 워낙 크기 때문에 1200년쯤 지

나야 말라붙을 것이다.

● 나가는 곳은……

1. 호수는 고요히 넘실거릴 뿐이라고? 천만의 말씀! 호수의 물은 바닥으로 끊임없이 새어 나간다. 때로는 강물이나 개울물을 따라 흘러 나가기도 한다(싹 빠져나가는 셈이다). 그러다 느닷없이 물길을 돌려 거슬러 올라가기도 한다!

캄보디아의 톤레사프(커다란 호수)가 딱 그런 경우다. 원래 톤레사프 호는 톤레사프 강을 따라 메콩 강으로 흘러간다. 따라서 날이 바싹 가물면 호수는 2500~3000km²로 줄어든다. 그러다가 어느 순간 확 뒤집어진다. 즉, 한없이 잔잔하던 메콩 강은 장마철이 되면 물살이 거세진다. 그렇게 휘몰아치는 메콩 강의 영향을 받은 톤레사프 강은 강줄기를 틀어 호수로 향한다.

"호수에 풍덩 빠져 볼까?"라고 말하며 뛰어들려는 순간, 호수 물이 다섯 배로 늘어날 수도 있다.

2. 햇빛 때문에 물이 줄어드는 호수도 있다. 대표적인 예로 에이어 호를 꼽을 수 있다. 햇빛이 강렬하게 내리쬐는 호주의 에이어 호는 호주에서 가장 큰 호수로 9300km²의 넓이를 자랑한다. 이 거대한 소금 호수는 영국의 탐험가 존 에이어(1815~1901)의 이름을 땄다.

존 에이어는 1840년에 이 호수를 발견했다. 그런데도 에이어는 물을 찾기는커녕 갈증으로 거의 죽을 뻔했다. 황량한 사막 한가운데 있는 이 호수는 가뭄 때 논바닥처럼 쩍쩍 갈라지기 일쑤였으니까.

어쩌다 그런 꼴이 되었을까? 뜨거운 날씨가 이어지면서 비는 순식간에 증발하고 강물은 호수에 이르기도 전에 바싹 말라 버리기 때문이다. 더구나 비도 거의 내리지 않아 호수가 출렁거리는 건 50년에 한 번 있을까 말까다.

3. 염수호는 물에 소금이 많이 들어 있기 때문에 짜다. 그것도 무진장! 감자 칩에 묻어 있는 소금과 똑같다.

소금은 화산이나 지하 샘터에서 나온다. 그리고 비나 눈에도 들어 있다. 그러나 소금의 대부분은 육지의 바위에서 나온다. 바위의 소금 성분이 빗물이나 강물에 씻겨 호수로 흘러 들어가기 때문이다. 그런데 호수가 따뜻한 곳에서 출렁거리면 물이 빠르게 증발한다. 물이 햇빛을 받아 바로바로 증발하면 소금만 남고, 결국 호수는 짠물로 변한다. 심지어 호수 바닥의 습기마저 증발해 버린다. 대표적인 염수호는 이스라엘의 사해다. 이 희한한 호수는 놀랍게도 바다보다 여덟 배나 더 짜다.

사해는 어쩌다 짠물로 변했을까? 원래 이 호수에는 요르단 강물이 흘러 들어왔다. 그러나 사람들이 농사를 지으려고 요르단 강의 물줄기를 돌리자, 호수로 들어오는 강물의 양이 줄어들었다. 호수의 물이 줄어들면 소금 함유량은 높아질 수밖에 없다. 이 호수가 자리 잡은 지역은 여름이면 기온이 54℃에 이를 정도로 절절 끓는다. 헥헥! 찜통 같은 곳이니 호수의 물은 눈 깜짝할 사이에 증발해 버리고 결국 소금 덩어리 국물만 남게 된다.

이처럼 치명적인 사해에서 오래도록 살아남는 생명체는 거의 없다. 그 대신 물에 둥둥 뜨기 때문에 고무 튜브 없이도 얼마든지 수영할 수 있다. 누운 채로 신문도 척척 볼 정도다. 단, 얼굴이 물에 닿지 않게 조심할 것. 소금기가 눈에 들어가면 몹시 따가우니까.

4. 꽤 많은 양의 물이 호수에서 땅속으로 빠져나간다. 물은 석회암 틈으로 서서히 스며들다가 차츰 구멍이 넓어져 지하 통로나 동굴을 만들기도 한다. 때로는 지하의 강으로 똑똑 떨어져 지하 호수까지 흘러간다. 이 비밀스러운 호수는 땅속 수백 미터 아래에 있기 때문에 엑스선을 쓰지 않으면 찾기가 만만치 않다. 그렇지만 다음에 등장하는 용감무쌍한 탐험가처럼 깊은 구덩이를 좋아한다면 충분히 호수를 찾을 수 있다. 한번 만나 볼까?

모험 정신으로 똘똘 뭉친 에두아르 알프레 마르텔(1859~1938)은 어린 시절부터 동굴에 정신이 팔려 허구한 날 땅속을 돌아다녔다. 에두아르 알프레는 프랑스에서 태어났다. 지리학에 뛰어난 재능을 보였지만 아버지의 뒤를 이어 변호사 일을 했다. 하지만 여름 휴가가 시작되기 무섭게 동료들과 함께 유럽 곳곳의 동굴을 탐험했다.

오래전 〈지구일보〉에 실린 이 인터뷰 기사는 우리의 기자가 에두아르와 동굴하면서, 아차, 동행하면서 쓴 것이다.

언제부터 동굴에 관심을 갖게 되었나요?

일곱 살 때 아버지를 따라 벤기에의 동굴에 갔지. 동굴 바닥의 거대한 호수를 본 순간, 자라서 동굴 탐험가가 되겠다고 마음먹었단다.

그럼 왜 변호사가 되었나요?

돈이 필요했거든. 그렇지만 변호사 일은 정말 따분했어. 내 마음은 늘 동굴을 헤맸지. 잠시 쉬는 휴가 기간에는 땅 위를 걷는 시간조차 아까울 정도였어.

그랬군요. 동굴 탐험 장비로 어떤 것을 챙겨 갔나요?

줄사다리 두어 개, 권양기*, 램프 몇 개, 마음대로 접었다 펼 수 있는 카누.

그게 전부인가요?

내가 특별히 디자인한 옷을 입었지. 아무리 생각해도 무척 맘에 든단 말이야. 주머니가 사방팔방에 달려 있거든. 호루라기, 양초, 성냥, 망치, 칼, 줄자, 온도계, 연필, 공책, 컴퍼스, 무전기, 구급약 등을 몽땅 넣을 수 있단다. 배고플 때 먹으려고 초콜릿도 몇 개 넣어 두었지.

*통에 밧줄을 감아, 도르래를 이용해 무거운 걸 들어 올리는 기계

그 많은 걸 짊어진 채 동굴로 비집고 들어갔다니 믿어지지 않아요. 무슨 요령이라도 있나요?

누워서 떡 먹기야. 우선, 구혈(지하까지 이어진 수직 구멍)을 찾는 거지. 그러고는 카누를 밧줄에 묶어서 밑으로 내린단다. 그러면 줄사다리가 몇 개나 필요한지 깊이를 가늠할 수 있거든. 중간에 대롱대롱 매달리면 곤란하잖아?

물론이죠. 그다음에는 어떻게 해요?

구혈 위에 나무틀을 세우고 권양기를 설치한 다음에 권양기에 밧줄을 감아 놓지. 나는 줄사다리를 써서 내려갈 때가 많아. 가끔은 밧줄로 이은 널빤지에 앉아서 내려가기도 하고. 밧줄이 배배 꼬이면 무척 힘들지. 어지러운 데다 속이 메슥거리거든.

저 역시 빙글빙글 꼬이는 기분이에요. 아주 위험했던 순간도 있었나요?

너무 많아서 셀 수 없을 정도야. 무슨 이야기를 꺼내면 좋을지 모르겠군. 한번은 친구 두 명과 함께 지하 호수를 건너다 천장 아래로 삐죽 내려온 바위에 다들 머리를 꽝 부딪쳤지 뭐냐. 모두 물속으로 처박히며 양초를 놓쳤고 순식간에 어둠이 우리를 덮쳤단다. 한 치 앞도 분간할 수 없었어(그 이후로 나는 어두운 게 제일 싫어). 게다가 나는 젖은 옷 때문에 자꾸만 물속으로 가라앉았어. 이젠 죽었구나 싶어서 와락 겁이 났지. 다행히도 친구들이 나를 간신히 끌어냈어. 정말 아슬아슬했단다. 얼음장 같은 물에서 빨리 빠져나왔기에 망정이지 자칫 물귀신이 되었거나 동태가 될 뻔했지. 아, 밧줄에 몸을 의지해 내려가는데 촛불이 내 머리카락에 옮겨 붙은 적도 있었단다. 정말로 머리카락이 쭈뼛 서는 순간이었지. 하지만 나는 동굴 탐험을 포기할 수 없었어.

> 우아, 세상에. 그렇다면 가장 놀라운 발견은 무엇인가요?

프랑스의 라샤펠 동굴을 꼽을 수 있지. 1889년에 우연히 발견한 지하 호수야. 겉 보기에는 아주 평범해. 구멍 하나만 덜렁 있을 뿐이지. 그러나 지하로 들어가면 완전 다른 세상이 펼쳐진단다. 뒤통수라도 얻어맞은 기분이 들 거야. 터널과 강이 곳곳에서 구불구불 굽이치며 그 넓은 곳으로 모여들거든. 입을 다물지 못할 만큼 환상적이지. 호수를 처음 본 순간을 죽어도 잊지 못할 거야. 우리는 카누를 타고 강을 따라 내려가고 있었는데 물길이 좁아졌어. 하는 수없이 카누를 머리에 이고 물살을 헤쳐 나갔지. 바위가 미끌미끌해서 몇 번이나 앞으로 고꾸라졌는지 몰라. 그런데 눈앞에서 강이 홀연히 사라진 거야. 대신 높이가 고작 1m밖에 안 되는 터널이 나타났지. 얼마나 비좁은지 빠져나갈 자신이 없었어. 그렇지만 우리가 몸을 비틀며 억지로 들어가 보니, 커다란 호수가 높다란 동굴을 천장 삼아 고요히 흔들리고 있었어. 동화 속 나라에 온 느낌이었지. 아쉽게도 오래 머물지는 못했어. 머리부터 발끝까지 몽땅 젖은 데다 양초도 얼마 남지 않았거든. 게다가 저녁 먹을 시간이었어.

1938년에 숨을 거둘 때까지, 바지런한 에두아르 알프레는 놀랍게도 1500개의 동굴과 호수를 헤집고 다녔다. 그중에는 최초로 발견한 것도 무려 수백 개가 넘었다.

에두아르 알프레는 집에서 틈틈이 쓴 글을 과학 잡지에 실었으며 마침내 파리의 소르본 대학에서 지하 지질학 교수로 일했다. 그리고 동굴학자(동굴을 연구하는 학자를 가리키는 새로운 이름)라는 새로운 분야를 개척해 냈다.

선생님 골려 주기

잘난 척 대장 선생님은 과연 호수의 물이 들어오고 나가는 걸 제대로 알고 있을까? 혹시 호수에 대한 지식이 접시 물보다 얕은 건 아닐까? 시험 삼아 이런 질문을 한번 던져 보자.

호수의 물은 얼마나 자주 바뀌나요?
a) 닷새마다 한 번.
b) 일 년에 한 번.
c) 700년에 한 번.

나도 바뀌고 싶어!

답:
아무것이나 골라도 된다. 셋 다 정답이니까! 호수는 규칙적으로 물갈이를 한다. 그러나 교환 주기는 물이 얼마나 빨리 들어오고 나가느냐에 따라 달라진다. 캐나다의 마리온 호는 어찌나 성미가 급한지 닷새 만에 한 번씩 물이 바뀐다. 미국의 미러 호는 크기가 마리온 호의 10분의 1밖에 안 되는데도 수심이 깊어 물갈이하는 데 일 년이 걸린다. 가장 느림보는 미국의 타호 호다. 완전히 새로운 물에서 수영하려면 700년이나 기다려야 한다. 맙소사!

호수의 일생

호수는 무척 흥미진진한 존재다. 누군가는 호수를 슬쩍 바라보기만 해도 입가에 웃음을 머금는다. 어떤 사람은 잔잔한 감동을 주는 시를 쓰기도 했다.

"이 지구 상에 호수처럼 맑고 깨끗하고 큰 것은 없어라."

닭살이 돋긴 하지만 사실이다(이 감상적인 글은 19세기의 미국 시인인 헨리 데이비드 소로가 지은 시다).

그런데도 호수를 고리타분한 웅덩이쯤으로 여기는 사람이 있다면 이 소식을 듣는 순간 정신이 바짝 날 것이다.

호수가 영원히 우리 곁에 머물지 않는다는 사실. 시간이 흐르면 호수는 메마른 땅으로 변하고 만다.

격렬한 화산 폭발이나 우르릉 쾅쾅 지진으로 호수가 밤새 싹 사라지기도 한다. 때로는 강하게 내리쬐는 햇빛에 말라붙거나, 눈사태가 일어나 바위나 모래에 뒤덮여 버린다. 그렇지만 대부분의 호수들이 맞이할 최후는 아주 천천히 다가올 것이다. 과연 어떻게 진행될까?

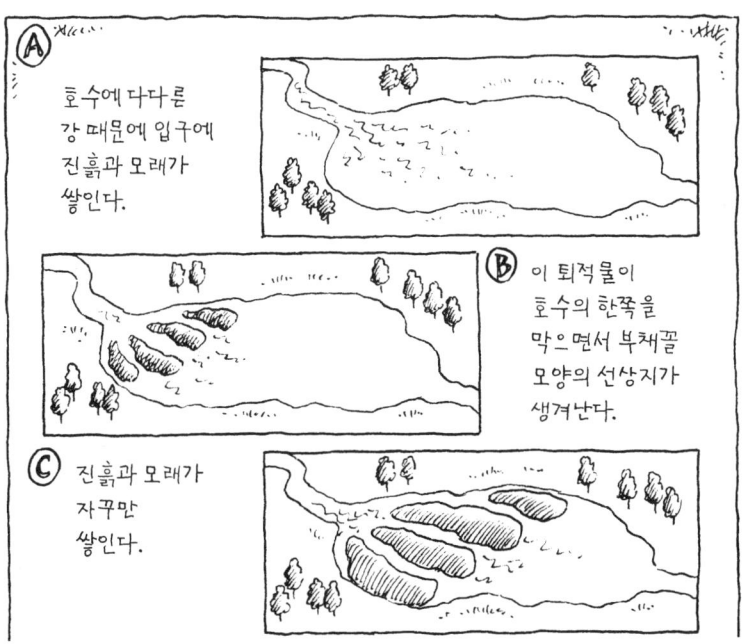

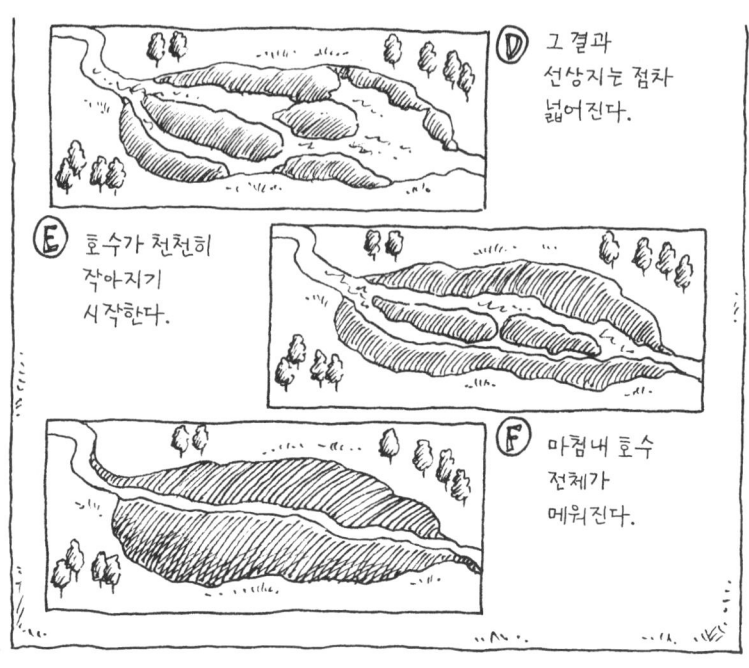

★ 요건 몰랐을걸!

거대한 빅토리아 호는 벨기에 면적의 두 배에 이르며, 세계에서 세 번째로 큰 호수다. 1만 3500년 전에 이 거대한 호수는 뽀송뽀송한 초원이었다. 그런데 지리학자들은 그 사실을 어떻게 알아냈지? 지리학자들 중에서 그렇게 나이 든 사람은 없는데 말이다. 그들은 호수 바닥의 진흙을 꼼꼼히 관찰했다. 그 결과, 놀랍게도 호수 바닥에는 초원에서 사는 동식물 화석이 잔뜩 쌓여 있었다.

그렇다고 여러분까지 야생 생물에 대해 알아내려고 호수 바닥을 벅벅 긁을 필요는 없다. 그냥 이 책의 페이지만 넘기면 된다. 하늘을 나는 플라밍고, 멋들어진 물고기, 뱅글뱅글 도는 딱정벌레 등 호수 곳곳에 숨어 있던 동식물들이 줄줄이 등장하니까.

고작 딱정벌레라니, 쳇! 나처럼 무시무시한 진짜 호수 괴물은 어때?

호수에 사는 생물

누가 축축하고 음침한 호수에 머물고 싶어 하겠어? 아늑하고 쾌적한 집으로 돌아가 소파 위에 두 다리 쭉 펴고 누워 있는 게 훨씬 낫지. 그러나 수많은 동식물이 이 질척질척한 호수를 보금자리 삼아 살아가고 있다. 물론, 호수를 터전으로 살아가는 게 그리 간단한 일은 아니겠지만!

여러분이 호수에 대해 조금이라도 더 알고 싶다면 속속들이 살펴봐야겠지? 그런데 첨벙첨벙 발을 적셔 가며 탐험하고 싶지는 않다고? 정 그렇다면 블레이크를 보내는 건 어때? 블레이크는 벌써 잠수복을 입고 호수를 탐험할 준비를 마쳤군.

가장자리

호수의 가장자리인 호숫가는 물이 계속 철썩대는 곳이야. 갈대나 골풀 같은 식물이 빼곡이 들어차 물고기나 물새가 숨바꼭질하기에 최고지. 그런데 바람 때문에 물살이 거칠어져 머리가 어질어질하군.

★ 요건 몰랐을걸!

호수 표면에는 아주 작은 식물인 녹조류가 수백만 개쯤 둥둥 떠 있다. 이 작은 식물은 화분에 심어진 식물이나 향기로운 꽃과는 딴판이며 현미경으로만 겨우 보일까 말까 할 정도로 작다. 그러나 중요한 건 크기가 아니다. 이 생물체가 없다면 호수에는 아무것도 살아남지 못한다. 우선, 녹조류가 만들어 낸 산소 덕분에 호수의 생물들이 숨을 쉴 수 있다. 더구나 녹조류는 새우나 물벼룩처럼 작은 수중 생물들의 점심 식단에도 빠지지 않는다. 물론, 새우와 물벼룩은 더 큰 생물체인 물고기나 개구리에게 잡아먹히고 물고기나 개구리는 아주 커다란 물고기와 왜가리나 악어의 먹잇감이 된다.

꼬르륵 아니면 동동?

여러분이 지긋지긋한 지리 현장 학습에 끌려왔다고 상상해 보라(그렇게 진저리 칠 것까지는 없잖아. 어차피 진짜도 아닌데). 다음 네 가지 중에서 없으면 곤란한 건 무얼까?

a) 먹을 음식
b) 들이마실 산소
c) 끝까지 버틸 방법
d) 숨을 만한 안전한 장소

네 가지 다 답이며 하나라도 빠져서는 안 된다. 특히, 안전하게 숨을 장소는 선생님의 기분이 엉망진창 구겨져 있을 때 반드시 필요하다. 그런데 호수에서 살아가는 생물들 역시 이 네 가지를 갖추어야 한다.

그렇다면 그들은 이 까다로운 문제를 어떻게 해결할까? 다음에 소개할 곤충들은 특이한 외모를 앞세워 골치 아픈 문제를 기발한 방법으로 해결했다. 자, 알쏭달쏭 호수 퀴즈로 자세한 내용을 알아보자. 물속에서 사는 곤충의 특징을 엉터리로 설명하고 있다면 꼬르륵 소리칠 것! 설명이 맞으면 동동 외친다! 다들 이런 거 많이 해 봤겠지?

1. 물방개붙이는 수영을 못한다.
꼬르륵 아니면 동동?

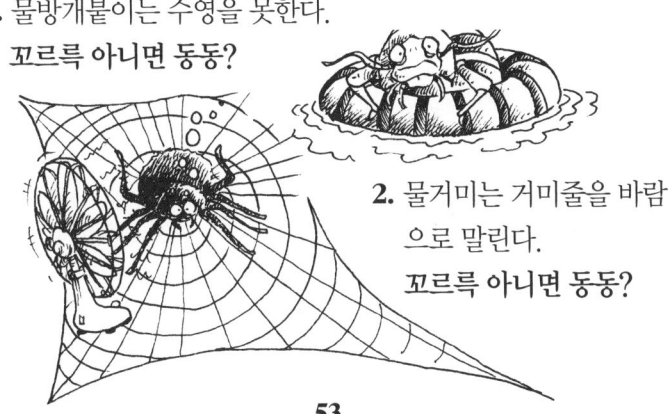

2. 물거미는 거미줄을 바람으로 말린다.
꼬르륵 아니면 동동?

3. 장구애비는 스노클(물속에서 바깥 공기를 빨아들이고 내뱉을 수 있는 장치-옮긴이)을 써서 숨 쉰다. **꼬르륵 아니면 둥둥?**

4. 날도래의 애벌레인 물여우는 텐트에서 산다. **꼬르륵 아니면 둥둥?**

5. 말거머리는 말을 먹는다. **꼬르륵 아니면 둥둥?**

6. 소금쟁이는 자그마한 수상 스키를 탄다. **꼬르륵 아니면 둥둥?**

7. 삿갓조개는 두 발로 바위에 붙어 서 있다. **꼬르륵 아니면 둥둥?**

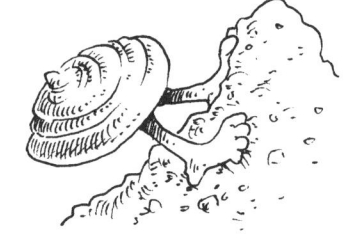

8. 물맴이는 주변에 있는 것을 좀 더 잘 보기 위해 물안경을 쓴다. **꼬르륵 아니면 둥둥?**

답:

1. 꼬르륵!
물방개붙이는 타고난 수영 선수로 물에서 살기에 알맞은 구조를 갖추었다. 매끈한 유선형이라 물살을 쉽게 가르며, 자그마한 노라도 되는 양 뒷다리를 영차영차 젓는다. 느긋하게 물 위를 떠다니다가도 먹잇감인 올챙이, 수생 곤충, 물고기를 보는 순간 쏜살같이 달려든다.

2. 동동!
물거미는 물풀 사이에 거미집을 짓고 산다. 공기 중의 산소를 마셔야 하기 때문에 규칙적으로 물 위로 올라와 커다란 공기 방울을 만들어 털 사이에 붙인다. 공기 방울로 물에 젖은 거미줄을 말리기도 한다. 참 똑똑하지?

3. 동동!
장구애비는 야트막한 호수 바닥에 가만히 엎드려 있는 걸 좋아한다. 영어 이름은 워터 스콜피언, 즉 물전갈이다. 기다란 꼬리 때문에 그런 이름이 붙었지만 전갈과 달리 독침은 없다. 장구애비는 물풀에 올라탄 다음, 꼬리를 스노클처럼 물 위로 내밀고는 공기를 빨아들인다.

4. 동동!
그렇지만 여러분이 캠핑 가서 쓰는 텐트와 차원이 다르다. 물여우나 수생 곤충은 호수 밑바닥을 기어 다니며 물풀 찌꺼기를 찾아 먹는다. 그리고 다른 동물의 먹잇감이 되는 불행한 사태를 막기 위해 달팽이 껍데기나 돌이나 모래알을 자신의 끈적끈적한 타액으로 붙여 자그마한 텐트를 만든다. 안전한 대피소 역할을 하는 셈이다.

5. 꼬르륵!
당연히 말도 안 되지. 빨판이 달린 이 생물의 크기는 고작 6cm로 여러분의 새끼손가락만 하다. 더구나 말거머리는 먹잇감을 통째로 삼키는 걸 좋아한다. 따라서 입을 찢어져라

벌려도 말 한 마리가 몽땅 들어가지는 못한다. 지렁이, 달팽이, 올챙이, 혹은 썩은 물고기쯤은 한입에 꿀꺽 삼켜 버린다.
6. 꼬르륵!
소금쟁이는 수상 스키를 타지는 않는다. 하지만 물 위를 걸을 수 있다. 어떻게 가능할까? 물의 표면은 얇은 막으로 덮여 있는데, 소금쟁이의 무게를 버틸 만큼 팽팽하기 때문이다. 게다가 소금쟁이는 다리에 있는 작은 잔털로 물의 표면을 꽉 움켜쥐기 때문에 빠지지 않는다. 이 바지런한 소금쟁이는 물 위에 죽은 곤충이 떠 있으면 성큼성큼 걸어가 냉큼 먹어 치운다.

수면에서 일어나는 현상을 전문적인 용어로 표면 장력이라고 하지. 여기에서 수면이란 밤에 드르렁 코 골며 자는 게 아니야. 수면은 물 분자*가 단단히 결합되어 있는 곳이지. 무지무지 전문적으로 들리겠지만 사실 아주 간단해. 표면 장력에 대해 알아보기 위해 실험을 잠깐 해 보자.

*분자란 원자가 결합된 것이고 원자는 물질의 가장 기본 요소다.

준비할 것
• 그릇
• 물
• 얇은 종이나 신문지
• 클립*

이렇게 해 봐

1. 그릇에 물을 채운다. 그걸 호수라고 상상한다.
2. 물에 종이를 띄우고 그 위에 클립을 올린다.
3. 종이가 물에 스며들어 잠길 때까지 기다린다.
4. 클립은 표면 장력 때문에 그 자리에 떠 있다. 그럼 왜 종이가 가라앉을까? 종이가 물을 흡수하는 바람에 무거워져서 가라앉는 거다. 클립은 워낙 가벼워 수면의 막이 충분히 받쳐 준다.

* 애완용 소금쟁이를 기르고 있다면 그걸로 실험해도 된다. 단, 소금쟁이 위에 클립을 올려놓는 것은 하지 말 것.

7. 둥둥!

삿갓조개는 바람이 몰아치는 호숫가에서 살기 때문에 이동하기가 무척 힘들다. 그러나 삿갓조개는 특이한 자세로 꿋꿋이 헤엄쳐, 아차, 헤쳐 나간다. 바위나 돌에서 자라는 녹조류를 뜯어 먹으며 넓적한 발을 쫙 뻗어서 버틴다. 삿갓조개는 몸통이 물에 젖지 않는 데다, 말랑말랑 유연해서 바위틈으로 잘도 빠져나간다.

8. 꼬르륵!

물맴이는 물안경을 쓰지 않는다. 그러나 특이한 방식으로 주변을 본다. 이 수생 곤충들은 놀이 공원의 미니 범퍼카처럼 이리저리 난리법석을 피우고 돌아다니며 먹잇감을 찾는다. 그러다가도 위험이 닥치면 재빨리 알아채 물속으로 후다닥 뛰어 들어간다. 겹눈으로 위쪽과 아래쪽을 따로따로 볼 수 있기 때문이다. 눈이 많으니까 좋구나.

넘실넘실 호수의 물고기

이렇게 말하는 어른들이 많다. "바다에 흔해 빠진 게 물고기야." 어른들은 잘 모르면서도 그냥 주워들은 대로 떠들어 대니 신경 쓰지 말자. 특이한 물고기에 관심이 있다면 바다가 아니라 호수로 눈을 돌려보자. 친구들은 여러분의 희한한 호수 물고기가 너무 부러워 속이 쓰릴지도 모른다. 그런데 어떤 물고기를 고를지 망설여진다고? 핀 아저씨의 물고기 가게에서 몇 가지 전문적인 도움말을 들어 보면 어떨까? 여러분도 핀 아저씨와 마찬가지로 물고기의 매력에 푹 빠질 것이다.

얼핏 보면 잔인한 것 같지만 아주 멋진 녀석이야. 자기 새끼들을 절대 남에게 맡기지 않는단다. 엄마 시클리드는 알을 낳으면 덥석 입 속에 넣거든. 알을 실수로 꿀꺽 삼키지 않는 한, 며칠 동안 아무것도 먹지 않고 버티지. 새끼는 알에서 깨어나도 일주일 정도는 엄마 입속에서 살아. 엄마는 새끼를 뱉고 나서야 먹이를 찾으러 간단다. 시클리드를 기르려면 먹잇감으로 녹조류와 조개, 해면을 준비해야 해. 여기에서 해면이란 냄비에 넣고 끓여 먹는 라면 같은 게 아니라 바다 생물이야.

이름:
싱긋싱긋 시클리드
사는 곳:
북아메리카, 아프리카
길이: 최대 75cm

이름: 펄떡펄떡 폐어
사는 곳: 동아시아, 중앙아시아
길이: 2m

사실, 그렇게 앙증맞은 편은 아니지만 아주 강한 녀석이지. 물이 풍부한 우기에는 다른 물고기와 마찬가지로 아가미*로 숨 쉬어. 그런데 기후가 바뀌어 햇빛에 호수가 말라붙고 산소가 부족해지면 폐어는 몹시 헐떡거리지. 그렇다고 마냥 그대로 지내는 건 아니야. 이 똑똑한 물고기는 진흙 바닥에 구덩이를 파고 그 안으로 들어가거든. 그 구덩이가 진흙 침낭이 되는 셈이지(피부가 건조해지는 걸 막아 준다). 그러고는 비가 올 때까지 꿋꿋하게 버티는 거야. 몇 달이 걸릴 수도 있고 몇 년이 지나기도 하지. 그동안 폐어는 폐 역할을 하는 부레로 숨을 쉰단다.

*물고기 머리 옆에 있는 기관으로 물에 녹은 산소를 들여보낸다.

창꼬치를 기르고 싶다면 손가락을 조심하렴. 녀석은 뾰족한 꼬리에 날카로운 이빨까지 달린 포악한 사냥꾼이니까. 이 녀석들이 손가락을 깨물지 않을 때는 호숫가를 슬슬 돌아다니며 먹잇감인 물고기나 개구리를 찾고 있을 게 뻔해. 때로는 솜털이 보송보송한 아기 오리를 잡아먹기도 한단다. 이 녀석은 목표물을 발견하면 쏜살같이 헤엄쳐 가서 가엾은 희생자를 덮친 다음 게걸스럽게 먹어 치우지. 따라서 커다란 호수에서 기르는 게 좋을 거야. 소문에 따르면 창꼬치가 말을 물속으로 끌어당긴 적도 있대. 다시 한번 강조하는데 창꼬치는 넓은 곳에서 길러야 해!

이름: 꼬장꼬장 창꼬치
사는 곳: 유럽, 아시아, 북아메리카
길이: 1.3m

이 물고기들이 마음에 든다면 서둘러서 보러 가는 게 좋아. 워낙 구경하기 힘든 물고기라서 말이야. 바이칼 호 아래 1km 깊이에서 살고 있거든. 거기 말고는 지구 상 어느 곳에서도 볼 수 없어. 깊은 물 속은 압력 때문에 견디기 어렵단다. 그런데도 이 용감한 골로미양카는 아랑곳하지 않고 유유히 헤엄치거든. 이 괴짜 물고기는 몸의 3분의 1이 기름 성분이라서 덜덜 얼어붙을 만큼 차가운 물 속에서도 여유롭게 떠다닐 수 있어. 밤이 되면 골로미양카는 먹잇감인 가재를 찾아서 수면으로 올라오기도 해. 그러나 오래 머물지는 않아. 수온이 높아지거나 햇빛을 받으면 자칫 뼈만 남기 십상이니까!

이름: 괴짜 골로미양카
사는 곳: 시베리아의 바이칼 호
길이: 15~20 cm

★ 요건 몰랐을걸!

깊고 깊은 바이칼 호에는 골로미양카 말고도 희한한 물고기가 많이 산다. 바이칼 호의 생물 중에서 3분의 2는 다른 곳에서는 아예 구경도 못하는 것들이다. 세계 유일의 담수 물개인 네르파 역시 바이칼 호에서 산다. 네르파가 가장 좋아하는 먹이는 바로 기름 덩어리인 골로미양카다.

넘실넘실 호수 파일

이름: 바이칼 호

위치: 시베리아

크기: 3만 1500km²

최대 수심: 1620m

놀라운 사실:

- 온갖 기록으로 유명한 바이칼 호는 생긴 지 2500만 년 되었으며 지구 상에서 가장 오래된 호수다.
- 뿐만 아니라 가장 깊은 호수다. 에펠탑 다섯 개를 위로 쌓고 또 쌓아도 바이칼 호에 잠기는 순간, 자취를 감출 것이다.
- 전 세계 담수의 5분의 1에 해당하며 오대호를 합친 것보다 물의 양이 풍부하다.
- 300개가 넘는 강이 호수를 가득 채운다. 그러나 흘러 나가는 강은 하나뿐이다.

블레이크의 물새 관찰

넘실넘실 호수에서는 무조건 안전할 거라고 기대했다면 꿈 깨시라. 혹시라도 섬뜩한 소다*호를 찾아갈 생각이라면 각오를 단단히 하도록. 숨이 턱턱 막히는 더위와 쓰디쓴 물, 악취를 풍기는 진흙, 바싹 말라붙는 호수가 기다리고 있으니까. 더구나 소다호에 금이라도 짝짝 가면 옴짝달싹 못하는 처지가 될 수도 있어. 그러니 소다호로 소풍 갈 생각은 일찌감치 버려. 물론 트럭이 지나갈 만큼 소다가 두터운 층을 이루는 곳도 있지. 그러나 자칫 빠지기라도 한다면 끝장이야. 소다가 여러분을 홀라당 태워 버릴 테니까.

* 중요한 정보: 소다의 정확한 이름은 탄산나트륨이다. 소금과 비슷하며 유리나 비누나 세제(빨래할 때 쓰는 가루비누 등)에 들어간다. 아주 작은 양으로는 사람에게 해를 끼치지 않으며 빨래할 때 넣으면 옷이 아주 깨끗해진다.

퍼덕퍼덕 플라밍고의 진실

1. 플라밍고를 직접 보고 싶다고? 아프리카의 대열곡으로 가면 언제든 볼 수 있다. 특히 열기가 후끈후끈한 나쿠루 호, 나트론 호, 마가디 호는 눈이 휘둥그레질 정도로 장관을 이룬다. 전 세계 플라밍고의 절반에 이르는 수만 마리의 플라밍고가 거대한 무리를 이루며 살고 있다. 그리고 지하에서 부글부글 끓어오른 거품과 근처의 화산에서 나온 뜨거운 소다가 호수로 흘러든다. 자, 뜨거운 정열의 나라로 떠나 볼까?

2. 플라밍고는 어쩜 저렇게 느긋해 보이지? 호수에는 플라밍고가 좋아하는 먹이가 가득하기 때문이다. 풍부한 녹조류와 작은 새우들이 걸쭉한 소다 국 속에서 보글보글 끓고 있으니 말이다. 여러분에게는 입맛이 당기지 않는 음식이겠지만 플라밍고는 역겨워하기는커녕 꿀꺽꿀꺽 잘만 먹는다.

3. 여러분이 플라밍고가 되어 저녁 식사를 해 보자.
- 긴 다리로 어슬렁어슬렁 호수를 돌아다니며 고개를 위아래로 끄덕여 본다. 볼 때와는 달리 꽤 어렵군.
- 부리를 물에 담근다. 물이 콧구멍에 닿을락 말락 하게 위아래로 흔든다.
- 고개를 양옆으로 힘껏 내젓는다. 균형을 잃지 않도록 조심할 것.
- 혀로 물을 빨아들인 뒤에 다시 내뿜는다. 부리 가장자리

가 체와 같은 역할을 해서 입안에 맛 좋은 음식만 가득 남는다.
 경고: 여러분은 플라밍고가 아니니 집에서는 절대 따라 하지 말 것. 특히 고상 떠는 고모라도 와서 차를 마실 때는 반드시 명심해야 한다. 국을 먹을 때는 부리 대신 숟가락을 쓸 것.

4. 그렇게 영양이 풍부한 식품을 먹으니 플라밍고가 예쁜 분홍색을 띠는 것도 당연하다. 수생 식물과 새우의 빨간색이 플라밍고의 깃털을 곱디고운 분홍색으로 만들어 준다. 정말 예쁘다(플라밍고의 색은 먹잇감의 색소에서 영향을 받았으며, 당근에 나타나는 색소와 같은 종류다). 먹잇감이 없어지면 깃털이 우중충한 회색으로 변하며 알을 제대로 낳지 못한다.

밝은 분홍색 깃털 때문에 다른 동물들의 눈에 쉽게 띄지는 않을까? 그러나 멋 부리기 좋아하는 플라밍고는 별로 신경 쓰지 않는다. 게다가 워낙 섬뜩한 곳에서 살고 있으니, 다른 동물 입장에서도 점심 한 끼 해결하자고 거기까지 가기가 꺼림칙하겠지.

5. 플라밍고 부부는 둥지를 틀 때가 되면 단단한 호숫가를 찾아다닌다. 그곳 역시 다른 생물에게는 치명적일 만큼 소다가 많다. 부부는 부리로 진흙을 차곡차곡 쌓아 올려 작은 언덕을 만든다. 그리고 컵 모양이 되도록 안을 파낸다. 둥

지의 높이가 30cm나 되므로 뜨거운 물이 들이쳐 알이 푹 익어 버릴 위험은 없다. 플라밍고 부부는 알이 깨어날 때까지 번갈아 가며 품는다.

6. 갓 태어난 플라밍고 새끼는 칙칙한 회색 깃털에 부리도 일직선이라 엄마, 아빠와는 전혀 딴판이다. 새끼는 2주 정도 둥지에서 머물며 엄마, 아빠가 토해 놓은 선홍색 우유를 꿀꺽꿀꺽 잘도 마신다. 여러분도 한 컵 마셔 볼래?

앗, 세상에 이런 일이!

스코틀랜드 과학자인 레슬리 브라운은 플라밍고를 관찰하러 떠났다가 자칫 저세상으로 갈 뻔했다. 1950년 즈음에 그는 플라밍고 둥지를 살피러 나트론 호 주변을 돌아다녔다. 그것도 걸어서! 정말 끔찍한 탐험이었다. 그는 달랑 물 한 병만 들고 절절 끓는 소다호를 걸었다. 그런데 소다호가 자꾸 갈라지며 무릎까지 메스꺼운 검은 진흙에 쑥쑥 빠지는 게 아닌가! 한 발 한 발 떼기가 무척 힘들었지만, 가라앉을까 봐 멈추지도 못했다. 정작 고통스러운 순간은 다음부터였다. 레슬리는 물을 한 모금 들이켰다. 그러나 소다 때문에 물맛이 쓰디쓰게 변해 도저히 삼킬 수 없었다. 녹초가 된 레슬리는 탐험을 포기하고 무거운 발걸음을 숙소로 돌렸다. 시간은 가장 더운 한낮으로 접어들었다. 레슬리는 맥이 빠진 데다 목이 말랐다. 그는 대여섯

소다가 너무 많아!

걸음 걷고 한 번씩 쉬며 피곤에 절은 몸을 끌고 걸었다. 레슬리는 우여곡절 끝에 겨우 집으로 돌아왔다. 사실, 레슬리로서는 살아 돌아온 게 천만다행이었다. 소다 때문에 다리에 심한 화상을 입은 레슬리는 병원에서 몇 주 동안 누워 있어야 했다. 그러나 그 어떤 것도 플라밍고에 대한 레슬리의 열정을 꺾지는 못했다. 믿기 어렵겠지만, 그는 한두 해 뒤에 나트론 호를 다시 찾았다.

그러나 호수 주변에는 플라밍고, 텐치, 물거미만 있는 것은 아니다. 여러분은 골로미양카의 간식거리인 가재를 모으느라 정신을 팔다가, 기괴한 호수 동물에 발부리가 걸릴지도 모른다. 그 미심쩍은 물체가 뭐냐고? 각자 머릿속에 떠올려 봐. 곳곳에서 불쑥불쑥 튀어나오는 성질 고약한 생물은 바로 사람들이다.

호수에서 살아가기

호수에서 사느니 콜록콜록 독감에 걸려 고생하는 편이 낫겠다고? 이 세상에는 그런 소심한 생각을 비웃는 사람들이 수백만 명도 넘는다. 많고도 많은 사람들이 왜 우중충한 호수를 집으로 삼을까? 육지에서는 도저히 경험하지 못할 호수만의 매력은 무엇일까?

우선, 호수는 사람들에게 아주 중요한 존재다. 호수의 아름다운 경치 때문만은 아니다. 호수 없는 삶이란 팥소 없는 찐빵이고, 오아시스 없는 사막이기에 까마득한 옛날부터 호수 주변에 사람들이 모여들었다. 잠깐 광고 말씀 뒤에 계속 이어진다.

특이 사항

이런 집을 크라너그, 즉 호상 가옥이라고 부른다(스코틀랜드어로 '나무'라는 뜻이다). 그렇지만 여러분 마음대로 바꿔 부른다고 뭐라고 할 사람은 없다. 특히, 이곳은 도둑 맞을 일이 없다. 집이 호수 한복판의 목재 건물 위에 있어 안전하다. 그렇다고 떠내려가지는 않을 테니 바들바들 떨지 말길. 호수의 밑바닥까지 말뚝을 박고 돌로 마무리해서 까딱없다.

주의 사항: 어림잡아 3000년 정도 묵은 집이라 간혹 너덜너덜한 곳도 있을 것이다. 그리고 수백년 정도 물 속에 잠겨 있어 상당히 축축할 거다. 이 집은 한번 물 위로 떠오르기는 했으나 수면이 상승하는 바람에 다시 가라앉았다. 그러니 방문할 때는 보트를 이용하는 편이 낫다. 잠수용 장비도 지참 바람!

특별 증정품

오늘 선보이는 호상 가옥을 사시면 버터 그릇을 덤으로 얹어 드려요.

무료!

스코틀랜드의 호상 가옥에 있던 물건이랍니다. 소금물 덕분에 아주 완벽하게 보존되었지요. 그릇 곳곳에 버터 자국이 아직도 남아 있어요. 단, 이 버터 그릇은 2500년이 넘어서 고약한 냄새가 납니다. 자, 이번 기회를 놓치지 마세요!

다른 호수도 살펴보세요.

스위스의 취리히 호

1850년대에 지은 고대 목조 마을의 유적지가 호수 바닥에서 모습을 드러냈습니다. 그 마을은 원래 호숫가에 자리 잡았는데 그 옛날, 물이 차오르면서 순식간에 가라앉았답니다.

호수의 진실

자꾸만 꼬르륵 가라앉는 기분이라고? 당장이라도 육지로 돌아가고 싶어? 호수 생활이 못마땅하다니 지금이라도 호수의 진실을 알려 줘야겠군. 축축하기 그지없고, 더할 나위 없이 우중충한 호수라도 아주 소중하다는 사실을 말이다. 정말이다. 다음의 다섯 가지만 봐도 집이 왜 호수 가까이에 있어야 하는지 깨달을 것이다.

1. 신선한 물을 공급해 준다.

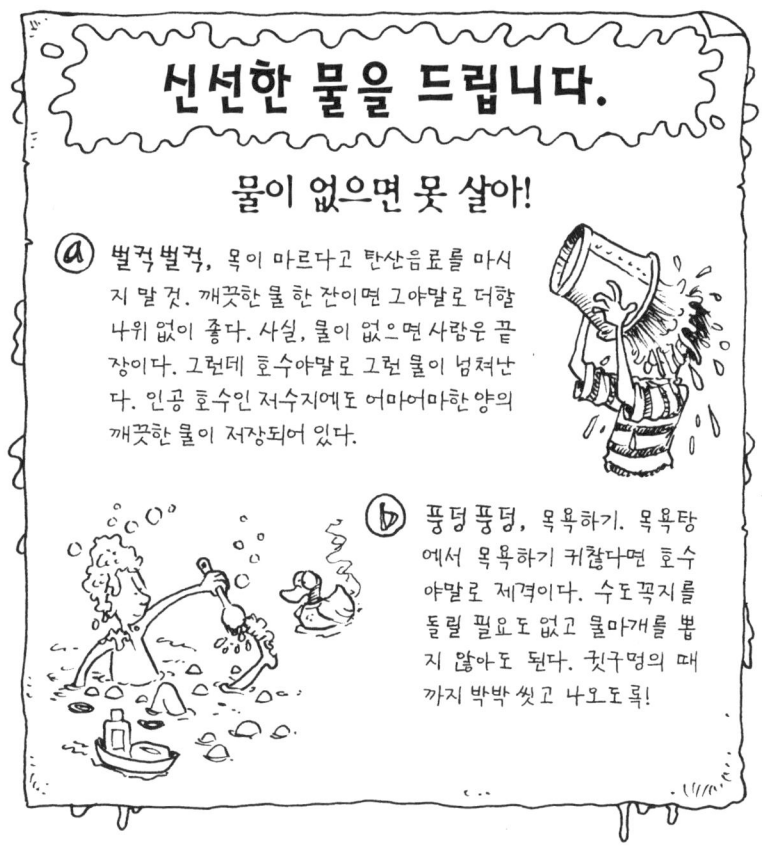

ⓒ 쭉쭉, 농작물에 물주기. 호수에서 물을 퍼 올려 농작물에 뿌린다. 전문적인 용어로 '관개'라고 하며 물을 공급한다는 뜻이다. 농작물은 물이 있어야 쑥쑥 잘 자란다. 쌀과 같은 농작물은 물에 잠기는 걸 좋아한다.

ⓓ 윙윙, 공장을 돌려 준다. 공장에서 강철 등으로 자동차를 만들려면 굉장히 많은 물이 필요하다. 또 물건을 손쉽게 나를 수 있는 교통로가 된다.

ⓔ 번쩍번쩍, 집을 환하게. 호수 물로 전기를 만든다. 호수로 흘러드는 강의 길목에 댐을 세운다. 물이 댐에서 쏟아지는 순간 바퀴 날개인 터빈이 돌아간다. 축이 돌아가면서 발전기를 움직이고 마침내 전기를 일으킨다. 아주 간단하군.

★ 요건 몰랐을걸!

수천 년 전, 나일 강이 넘쳐 기름지게 변한 땅에서 고대 이집트 농부들이 능숙한 손길로 농작물을 쑥쑥 길러 냈다. 물론, 옛날에 그랬다는 말이다. 오늘날에는 있을 수 없는 일이다. 1960년대에 어마어마하게 높은 아스완 댐이 강물을 가로질러 건설되었고, 그 결과 인공 호수인 나세르 호가 생겨났기 때문이다. 이 호수는 얼마나 큰지 매해 나일 강으로 흘러드는 물의 두 배를 저장할 수 있다. 물이 일정하게 흘러 들어와 식수를 얻거나 관개, 전기 등의 어려움이 해결되자 현대의 이집트인은 두 손 들어 환영했다. 그러나 문제가 하나둘 터졌다. 인공 호수에서 심각할 만큼 많은 물이 새어 나가는 것이다. 또 강물에 실려 온 진흙과 자갈이 물의 흐름을 방해한다. 그뿐만이 아니다. 댐이 건설되자, 수만 명의 주민이 살던 주택이 물에 잠겨 사라지는 비극이 벌어졌다. 그리고 나일 델타(강이 바다로 빠져나가는 지역)가 급속하게 줄어들면서 기름진 농지는 자취를 감추었다. 더구나 고대의 신전이 수백 개로 조각조각 나뉘어 절벽 꼭대기에 다시 설치되었다. 고대 이집트인이라면 땅을 치며 가슴 아파했을 것이다.

2. 군침이 도는 음식을 준다. 호수를 좋아하는 사람들 중에서는 물고기를 잡아먹고 사는 경우가 많다. 물고기는 중요한 음식으로 손꼽힌다. 건강에 좋은 단백질과 비타민이 풍부한 데다, 샐러드나 감자튀김을 곁들여 먹으면 입에서 살살 녹는다. 어디 한번 물고기에 대해 자세히 알아볼까?

● 캄보디아의 톤레사프 강을 기억하는지? 무려 400만 명의 사람들이 이 강을 터전으로 삼아 먹고산다. 어부들이 일 년 동안 잡아들이는 호수의 물고기는 2만 3000t이다.

헉, 눈이 휘둥그레질 정도다. 어부들은 둥둥 떠다니는 대나무 수상 가옥에서 가족들과 함께 살아간다. 여러분도 그렇게 살고 싶은가? 학교에 못 다닐까 봐 걱정할 필요는 없다. 가게와 병원, 절이 물 위에 둥둥 떠 있으며 학교도 물 위에 있으니까.

● 아프리카의 투르카나 호숫가에 사는 투르카나족은 원래 그물이나 고깃배와는 거리가 멀었다. 수백 년 동안 그들은 유목민(이리저리 이동하면서 음식과 물을 찾아다닌다)으로 지내며 염소와 소와 낙타를 돌보았다. 그러나 심각한 가뭄이 이어지자 그들은 떠돌이 생활을 접고 물고기를 잡았다. 지금은 호수 물이

점차 줄어들어 잡히는 물고기의 양이 충분치 않다. 오랜 시절 힘겹게 살아온 투르카나족은 또다시 생활 방식을 바꿔야 할지도 모른다.

● 미국의 모노 호 근처에는 수십억 마리의 소금파리가 윙윙거리며 살아간다(모노는 그 지역의 인디언 말에서 나왔으며 소금파리를 뜻한다. 당연히 물고기는 아니다). 이 호수는 희한하게도 대서양보다 세 배나 짜다. 소금파리가 호숫가에 알을 낳으면 알이 깨어나 구더기가 된다. 몇 년 전에는 그 지역 주민이 구더기를 먹기도 했다. 그들은 징그러운 구더기를 햇빛에 말린 다음에 짭짤한 수프로 만들었다. 한 입 먹고 싶다고?

3. 시간을 단축하는 교통로가 되어 준다. 짜증 나게 길이 막히거나 버스를 놓치는 일은 이제 그만. 문을 열자마자 호수가

펼쳐진다면 외출하는 것쯤이야 식은 죽 먹기다. 물론, 배가 한 척 있어야겠지. 간편한 카누(가까운 곳으로 외출할 때)와 조금 큰 배(장거리 여행이나 화려한 외출을 할 때) 중에서 하나 골라 탄다. 무거운 짐이 많을 때는 짐배를 타는 게 좋다.

사람들은 수백 년 동안 호수를 통해 이리저리 돌아다녔다. 손쉽게 이용할 수 있고 육지로 이동하는 것보다 시간이 절약되기 때문이다. 여러분은 어떤 내륙 수로로 여행하고 싶은가? 오대호와 대서양을 이어 주는 세인트로렌스 수로로 항해하는 건 어때? 이 수로는 길이가 무려 2000km가 넘는다. 매해 수백만 톤의 석탄과 철, 곡물, 목재를 실은 배가 이 수로를 따라 이동한다. 단, 출발 날짜를 잘 선택해야 한다. 4월부터 12월까지는 수로를 개방하지만 나머지 기간은 얼음 때문에 통과할 수 없다.

4. 소중한 기름도 얻을 수 있다. 우리가 쓰는 기름 중 많은 양을 바다에서 얻는다. 그런데 호수 밑에도 꽤 많은 양의 기름이 고여 있다고 한다. 고개가 갸웃거려진다면 백만 년 전으로 거슬러 올라가 보자. 그 당시 호수에는 선사 시대의 자그마한 동식물로 바글거렸다. 그들이 죽자 시체가 호수 밑바닥에 쌓였고 암반층에 짓눌렸다.

시간이 흐르면서 동식물의 시체는 걸쭉하고 찐득찐득한 기름으로 변했다. 그런데 기름을 발견하려면 아주 깊이 파야만 한다. 자신 있으면 한번 찾아보라. 카스피 해 아래에서 2000억 배럴가량의 기름이 퐁퐁 솟아난다고 한다. 그 정도면 값이 꽤 나갈걸! 문제는 호수 주변의 나라들이 기름 소유권을 놓고 여전히 옥신각신 신경전을 벌인다는 데 있다. 그림 속의 떡이 아니라 그림 속의 기름이군.

5. 짜릿짜릿한 모험을 할 수 있게 해 준다.

오싹오싹 여행사에서 야심 만만하게
내놓은 모험 상품
넘실넘실 호수 의 나라로
오신 걸 환영합니다.

정신이 바짝 들 만한 휴가가 될 거예요.

주의 사항: 안전은 보장할 수 없어요. 추락하더라도 우리 탓은 아니니까요. 수영을 못한다면 더더욱 그렇답니다.

아이스 요트

맨송맨송한 수중 요트는 잊으세요. 꽁꽁 얼어붙은 호수에서 아이스 요트 (윈드서핑용 보드에 스케이트를 달아 놓은 모습과 비슷하다)에 도전해 보세요. 아이스 요트는 저희가 빌려 드립니다. 바람만 제대로 불면 시속 160km까지 쌩쌩 달릴 수 있어요. 장담은 못하지만요.
아이스 요트에는 브레이크가 없으니 멈추고 싶을 때는 바람이 부는 쪽으로 키를 돌리세요. 얼음이 깨져 물에 빠지면, 젖 먹던 힘을 내서라도 배를 꽉 붙잡으세요. 그럴 때는 곰 발톱이 도움이 됩니다. 곰까지 달려 있는 건 아니니, 두려움에 떨 필요는 없어요. 얼음 위로 올라올 때 쓰는 얼음 송곳이거든요. 좋아요. 제일 먼저 신청하실 분?

난파선 탐지

음파 탐지기로 난파선 찾는 방법을 배워 보세요. 전 세계 호수의 밑바닥에서 난파선 수천 척이 썩어 가고 있어요. 난파선 찾기에 제격인 곳을 추천할까요? 바로 슈피리어 호 근처에 있는 이름도 그럴싸한 난파선 해안이에요. 지금까지 4000척 이상의 난파선이 물풀을 뒤집어쓴 채 발견되었으며 아직도 수많은 난파선이 여러분을 기다리고 있답니다.

스쿠버 다이빙

호수로 풍덩 뛰어들어 온갖 종류의 기기묘묘한 수중 생물을 만나 보세요. 잠수 장비가 없다면 잠수 전문 가게에서 빌려 줍니다. 초보자라면 말라위 호가 안성맞춤이지요. 물이 따뜻한 데다 눈부실 정도로 파랗고 모래 바닥이 아주 부드러워요(물고기 똥이라도 상관없다면). 더구나 이 아름다운 호수에는 1500종 이상의 물고기가 살고 있어 구경할 게 많답니다. 악어 걱정은 붙들어 매세요. 그 녀석들은 물살이 느린 강에 붙어 있으니까요. 늘 그런 건 아니지만요.

호수 유람선

이번에는 여유로운 호수 유람에 대해 알아볼까요. 호화로운 유람선을 타고 오대호를 여행하는 건 어떨까요? 시카고에서 토론토까지 8박 9일 동안 항해합니다. 배에는 수영장, 미용실, 식당, 도서실, 체육실 등이 있으니 호수 관광이 지겨워지면 언제라도 이용하세요. 뱃멀미를 하는 승객을 위해 병원도 준비했답니다. 물론 이 호화로운 유람선 비용은 결코 만만치 않아요. 신바람 나는 이 여행의 비용은 2500파운드 즉 540만 원 정도(2009년 기준)예요.

오늘의 특별 상품

속도감을 즐기고 싶다면 바싹 마른 호수 바닥을 바람처럼 빠른 자동차로 쌩 달려 보세요. 사막 같은 이 호수를 '플라야'라고 하는데 스페인어로 '해변'이라는 뜻이에요. 그렇지만 모래 삽과 통은 집에 두고 가세요. 자동차들이 시속 950km 넘는 속도로 달리는 곳이라 모래성 쌓을 정신이 없을 테니까요. 플라야는 빈대떡처럼 평평해서 초고속 차량의 속도를 잴 때 사용돼요. 심지어 우주선의 착륙장으로 쓰인 적도 있답니다.

여행 회사의 안내문

위와 같은 모험을 즐기려면 몸이 튼튼해야 하며, 뭐든지 척척 해볼 자신이 있어야겠지요(돈도 엄청 많아야 하고요). 따라서 평범한 분에게는 위험한 일과는 전혀 상관없는 촉촉한 주말여행을 권해 드립니다. 이래봬도 할 일이 꽤 많답니다. 연못에 몸 담그기나 물풀 건지기 등이지요. 하품깨나 날 거예요.

선생님 골려 주기

노처녀 선생님을 잔뜩 약 올려 주고 싶어? 그렇다면 이런 깜찍한 질문을 던져 보는 건 어때? 질문을 받은 선생님은 속깨나 쓰릴 걸.

"선생님, 카네이션*은 어디에서 오나요?"
a) 카네이션 농장
b) 아프리카 호수
c) 할아버지의 꽃밭

*굳이 설명하자면 카네이션은 분홍색 또는 흰색의 예쁜 꽃이야. 선생님을 감동의 도가니에 빠뜨리고 싶거든 꽃 한 다발 사 드리지 그래?

답:
b) 예전에 수많은 카네이션이 아프리카 나이바샤 호수 주위에서 길러졌거든. 그 카네이션을 유럽으로 운송하기 위해 아주머니가 예쁜 꽃다발을 만들어서 파이프를 통해 흘려보냈지. 수화물 기차라고 할 수 있지. 7000톤 가량의 꽃들이 매년 유럽으로 보내지며 소리없이 줄어들고 있어. 그러니 꽃을 사랑하는 만큼 호수를 보살펴야 한다고. 물론 너희 엄마에게 꽃다발 선물하는 것도 잊지 말고.

호수에서 어떻게 살아갈까?

다들 알다시피 호수는 전 세계 곳곳에 있다. 따라서 그곳에 사는 사람들의 생활 방식도 제각각이다. 어떤 호수는 아주 외떨어진 곳에 있어서 그곳 사람들은 지금도 수백 년 전의 생활 방식을 이어 간다. 반면 복잡하고 거대한 도시가 들어선 호숫가는 수백만 명의 고향이 되어 주기도 한다. 휴가를 보낼 만한 한적한 호숫가를 찾고 있다고? 어디를 골라야 할지 고민이야? 그럴 줄 알고 블레이크를 호수 두 군데에 보내, 사람들이 어떻게 살아가는지 알아보도록 했다. 그의 일지를 참고해 볼까?

미시간 호 주변은 모든 게 놀라우리만치 크고 활력이 넘쳐. 5만 8000km²에 이르는 미시간 호는 미국의 가장 큰 호수이자 오대호에서 세 번째로 큰 호수야. 미시간이라는 이름은 원래 인디언 어에서 나왔으며 '커다란 물'이란 뜻이야. 이 호수로 물살이 풍부하고 거센 강물이 흘러 들어오는데 예전에는 시카고 강도 그중 하나였어. 그런데 1900년대 초에 인공적인 강과 운하를 만들어 시카고 강의 물길을 다른 곳으로 돌렸어. 도시의 식수를 책임지는 미시간 호에 시카고 강이 못 들어오게 막은 셈이지. 생활 하수로 더러워진 시카고 강물이 도시로 들어오지 않자, 도시의 질병은 줄어들었어. 호숫가의 도시 역시 크고 활력이 솟구치지. 내가 서 있는 곳은 최첨단 기술로 유명한 시카고야.

여기는 왁자지껄 생동감이 느껴지는 곳이야. 복잡하게 돌아가는 이 도시에는 300만 명의 사람이 살고 있어. 시카고는 전 세계의 산업과 운송을 쥐락펴락하는 지역 중 하나야. 미국 전 지역의 물건을 배로 싣고 다니는 곳이라 가장 바쁜 항구가 되었지. 그러나 시카고는 이처럼 북적북적 정신없는 곳만은 아니야. 여유를 만끽할 수 있는 근사한 장소이기도 하지. 이건 내가 호반에서 휴식을 취하는 사진이야 (이 활기찬 도시에 46km에 달하는 호숫가가 있다). 여러분도 멋진 하루 보내기를!

이제 남쪽의 티티카카 호로 가서 색다른 생활 방식을 살펴보려고 해. 그 호수를 찾아가려면 외진 안데스 산맥의 높은 곳까지 올라가야 해. 지역 주민인 우루족은 호수에서 오랫동안 살아왔지. 거기에는 수도나 전화, 전기 시설이 없어. 우루족은 꽤 전통적인 방식을 지키고 있어. 아직도 배를 손수 만들 정도니까. 그들은 얕은 호수에서 자라는 토토라갈대를 묶어 바나나 모양의 고기잡이배를 만들어. 배 한 척을 2주 안에 뚝딱 만들어 여섯 달 정도 탄다는군. 갈대가 썩기 시작하면 배가 물에 젖어 가라앉아 버린대.

그런데 갈대로 배만 만드는 게 아니야.
갈대는 돼지의 먹이가 되기도 하고 땔감으로 쓰이기도 해.
또 바구니나 밧줄의 재료가 되는가 하면
이 닦을때도 쓰이지. 우루족은 갈대로 만든 섬에서 갈대집을 짓고
살아. 그리고 조그만 갈대 우리를 만들어 호수에 둥둥 띄워 놓고
돼지를 기르기도 해. 배가 아플때는 토토라 갈대 꽃잎으로 차를
만들어 마시면 금세 낫는다는군.

우루족은 호수에서 수백 년간 살아왔어. 그러나 이제 그들의
생활 방식이 바뀌고 있단다. 우루족의 주식은 생선(돼지를 길러 고기를
먹기도 한다)과 감자야. 그런데 호숫가에 도시와 마을이 들어서면서
물이 더러워졌지. 그러다 보니 호수에 사는 물고기가 오염되고
물고기를 주식으로 하는 우루족에게도 영향을 미쳤어.
호수 주변의 도시들이 호수를 깨끗이 사용하지 않으면
우루족의 전통적인 생활 방식은 사라질거야.
그건 너무 가슴 아픈 일이지.

넘실넘실 호수 파일

이름: 티티카카 호
위치: 페루와 볼리비아의 국경 지대
크기: 8300km²
최대 수심: 270m
놀라운 사실:

- 세계에서 가장 높은 호수로, 해발 3812m에 있다(그러니 세계에서 가장 높은 호수에서 배를 타고 싶으면 여기로 와야겠지).
- 스물다섯 개의 강이 흘러 들어오지만 나가는 물줄기는 데사과데로 강 하나뿐이다. 강은 힘차게 흘러서 볼리비아의 푸포 강, 즉 똥강(진짜 이름이다!)으로 향한다.
- 티티카카는 '퓨마 바위'라는 뜻으로 호수의 모습이 퓨마가 바위를 가지고 장난하는 것 같다고 해서 붙여진 이름이다.
- 태양신이 잉카족의 조상(그 지역에서 예전에 살던 사람들)을 내려보내 호수에 있는 섬에서 살게 했다는 전설이 전해 내려온다.

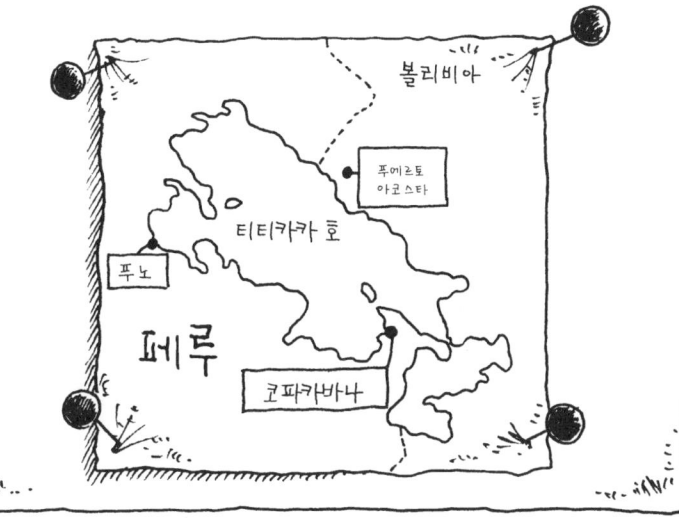

죽음의 호수

호수 밑바닥에는 치명적인 독이 있는 물고기만 도사리고 있는 건 아니다. 카메룬의 나이오스 호 근처에 살던 사람들은 끔찍한 악몽을 겪었다.

지구일보

1986년 8월 22일
아프리카 서부, 카메룬의 나이오스

나이오스 주민들은 마을을 강타한 최악의 비극에 그만 넋을 잃고 말았다. 밤새 나이오스 호에서 유독 가스가 스멀스멀 퍼져 나와 언덕 아래 마을을 덮치는 바람에 1700명의 주민이 질식당한 것이다.

주민들은 대부분 침대에 누운 채 죽음을 맞이했다고 한다. 아직도 충격에서 벗어나지 못한 생존자들의 말에 따르면 사람들은 대화나 식사 도중에 느닷없이 쓰러져 죽음을 맞이했다고 한다. 희한하게도 조그마한 폭발 소리 외에는 위험을 예고하는 조짐이 전혀 없었다. 죽음의 가스는 대부분 냄새가 없는 탄산가스였기 때문에 전혀 알아챌 수 없었다.

독가스가 새어 나오는 화산호

유독 가스의 근원지는 나이오스 호였다. 작지만 깊은 이 호수는 화산의 분화구에 자리 잡고 있다. 호수는 투명한 파란색이고 호숫가에는 옥수수 밭이 펼쳐져 있어 아무리 눈을 씻고 봐도 해로운 구석이라곤 없는 듯하다. 그러나 재앙은 호수 아래에서 꿈틀거리고 있었다. 수백 년 동안 화산에서 새어 나온 독가스가 호수 밑바닥에 고여 있었던 것이다. 전문가들은 약한 지진이나 강한 바람, 산사태로 호수가 흔들리면서 치명적인 가스가 퍼졌을 거라고 추측한다. 그러나 아무도 정확한 이유는 모른다.

쓰러진 수천 마리의 가축

현재 몇몇 생존자만이 처절한 지난밤의 피해 상황을 살피고 있다. 생존자들 대부분은 호숫가에서 1초라도 더 머물기 싫다며 멀리 떠나 버렸다. 주민들은 모든 것을 잃었다. 목축업자인 하다리는 가까스로 입을 열어 가스 때문에 벌어진 참혹한 일을 기자에게 전했다.

"나는 가족과 함께 호수 위쪽의 언덕에 살고 있습니다. 아침에 눈을 떠 보니 곳곳에서 신음 소리가 들렸어요. 가스가 강물처럼 마을을 뒤덮고 있었지요. 언덕 위가 안전할 것 같아서 가족과 부랴부랴 올라갔습니다. 다행히 목숨을 건지긴 했으나 가축과 생활 터전을 모두 잃고 말았어요. 이젠 어떻게 해야 좋을지 막막할 뿐입니다."

안타깝게도 8월 21일은 장날이어서 멀리 떨어진 곳의 목축업자들이 가축을 팔려고 나이오스로 모였다. 그런데 바로 그날 죽음의 가스가 덮친 것이다. 아침에 마을 주변의 들판은 수천 마리의 가축 시체로 뒤덮였다. 희한하게도 시체 주변에는 파리 떼나 독수리 무리도 눈에 띄지 않았다. 아무것도 살아남지 못했기 때문이다.

독가스 막아 내기

8월의 잔인한 밤 이후에도 살인 가스는 호수 밑바닥으로 모여들었다. 시한폭탄이나 다름없이 말이다. 과학자들은 호수에서 다시는 이런 사건이 일어나지 않도록 연구를 거듭했다. 과연 치명적인 독가스를 막을 방법은 없을까? 과학자들이 내놓은 해결책이 도움이 될까?

그들은 기다란 플라스틱 파이프를 호수 바닥 가까이에 집어넣었다. 가스로 가득 찬 물을 빨아올려 분수처럼 뿜어내려는 계획이었다. 그렇다면 가스는 폭발하지 않고 대기 중으로 살며시 퍼져 나갈 것이다. 아무런 피해도 주지 않고.

과학자들은 조기 경보 장치도 설치했다. 가스 함량이 위험한 수준으로 올라가면 사이렌이 앵앵 울리며 불빛이 반짝반짝 돌아가는 장치였다. 그런 상황이 발생하면 주민들은 그곳을 **빠져 나가야만 한다. 재빠르게!**

그 방법들은 과연 효과가 있을까? 그저 과학자들의 희망사항일까? 아직은 결론을 내릴 수 없다. 어쨌든 과학자들은 이제까지 마련한 대책을 긍정적으로 생각한다. 그러나 호수에는 아직도 살인 가스가 가득하므로 파이프가 네다섯 개 정도 더 필요하다. 문제는 그런 계획을 실행하기에는 돈이 부족하다는 거다. 어쨌든 고통스러웠던 나이오스 주민들의 악몽은 사라졌다. 지금 당장은!

넘실넘실 호수 탐험

별 볼일 없는 바닷가는 이제 그만. 나른한 낙타 여행도 안녕. 일생일대의 모험을 원한다면 호수를 탐험해 보길. 대담무쌍한 호수 탐험가의 발자취를 따라가 보자. 그들이 자리를 박차고 떠난 이유는 뭘까? 사실, 그들은 재산을 긁어모으려고 걸음을 옮기기도 했고, 장사할 물건을 찾아 나서기도 했다. 때로는 다른 곳을 향해 가다가 우연히 호수를 발견하기도 했다. 세상 구경을 하러 떠난 사람도 있었다. 어쨌든 이 사람들은 위인전에 실릴 만한 인물은 아니다. 그중에는 펄펄 끓는 물속에서 삶을 마친 사람도 있으니까. 자, 용기를 내 이 탐험가들을 따라갈 사람? 꾸물거리지 말고, 어서!

★ 요건 몰랐을걸!

16세기의 스페인 탐험가인 안토니오 드 세풀베다는 지리에 눈곱만큼도 관심이 없었다. 기껏 금덩어리나 쫓아다니는 사람이었다. 그는 콜롬비아의 과타비타 호에 번쩍이는 귀중품이 가득 잠겨 있다는 전설을 들었다. 옛날 옛적, 왕이 금과 보석이 잔뜩 들어 있는 꾸러미를 배에 싣고 호수 한가운데로 가서는 그 많은 물건을 신에게 바치는 조공이라며 빠뜨렸다는 것이다. 그렇다면 금광업자인 안토니오는 가라앉은 보물을 어떻게 손에 넣으려고 했을까? 간단했다. 그는 인부 8000명을 고용해 호수의 물이 빠져나가도록 배수로를 만들었다. 이 허무맹랑한 계획은 놀랍게도 성공했다. 호수의 물높이가 20m쯤 낮아지자 안토니오는 마침내 번쩍이는 귀금속과 달걀만 한 멋들어진 에메랄드를 찾아낸 것이다.

모피를 찾아서

다음에 소개하는 여행가들은 북아메리카의 거대한 오대호를 찾아낸 사람들인데, 원래 다른 것을 열심히 찾고 있었다. 오랫동안 자취를 감추었던 이것은 무엇일까? 부들부들한 털이 가득하고 귀여운 바로 그것! 잠깐, 자연 보호 운동을 하는 독자들에게 잠시 사과의 말씀을 드려야겠다. 이 오싹오싹 떨리는 이야기가 역겨우면 다음 장으로 곧장 넘어가길 권한다.

이 호수 저 호수 정처 없이 떠돌아다니던 이들은 소중한 동물의 모피를 사고파는 일을 했다. 특히 비버가 겪은 수난은 차마 입에 담을 수 없다. 고운 털로 만든 모자와 코트가 날개 돋친 듯 팔리면서 비버는 사라질 위기에 처했다. 모피 무역에 대해 자세한 설명을 듣고 싶다면 이번에 개장한 '섬뜩한 지리관'을 방문해 보길 권한다. 천하의 악당인 모피 사냥꾼 자료실을 마련해 놓았으니 블레이크가 여러분을 안내해 줄 거다.

섬뜩한 지리: 천하의 악당인 모피 사냥꾼 자료실

사무엘의 아버지는 선원이었으니 탐험가 기질을 타고난 셈이지. 25세 때부터 이미 남미를 들락날락했으니까. 그런데 그걸로 끝이 아니었어. 1603년, 노련한 뱃사람인 사무엘은 고향인 프랑스를 떠나 캐나다로 향했지. 세인트로렌스 강을 따라 항해하다가 우연히 온타리오 호와 이리 호를 발견했어(나중에는 휴런 호에 도착했다). 사무엘은 그게 모두 호수인 줄은 꿈에도 몰랐지. 엄청나게 큰 물줄기를 따라가면 대양이 나올 거라고 짐작했을 뿐이야. 사실, 프랑스 모피 교역소 만들 곳을 찾는 게 사무엘의 진짜 임무였어. 그런데도 사무엘은 모피를 사냥하는 틈틈이 뱃길 지도를 만들었어. 뿐만 아니라 지리에 대한 책을 네 권이나 써서 인기를 한 몸에 받았지. 정말 대단한 사나이야!

사무엘 드 샹플랭
(1567~1635)
국적: 프랑스

에티엔 브뤼레
(1592~1633으로 짐작됨)
국적: 프랑스

에티엔은 16세의 어린 나이에 사무엘의 일을 돕기 위해 캐나다로 향했어. 에티엔은 도착하자마자 사무엘의 권유로 알곤킨 인디언 부족과 함께 살면서 그들의 말을 배웠어. 그래서 에티엔은 사무엘이 온타리오 호까지 먼 길을 나설 때 곁에서 안내를 맡았지. 그런데 에티엔은 그저 길만 안내한 게 아니었어. 자작나무 껍질로 인디언식 카누를 척척 만들어 냈고 숲 어디쯤에 먹을 게 있는지도 줄줄 꿰고 있었거든. 훗날 에티엔은 인디언 부족에게 돌아갔으며 18년 동안 그들과 함께 어울렸어. 인디언들과 함께 수천 킬로미터를 여행하며 유럽 인으로는 처음으로 슈피리어 호를 발견했지. 방랑자인 에티엔은 안타깝게도 소름 끼치는 최후를 맞이했어. 동료들이 그를 배신자로 몰아세워 물에 넣고 삶아서 점심 식사로 먹어 치웠다는군!

장 니콜레는 억세게 재수 없는 사나이인 에티엔과 마찬가지로 몇 년 동안 원주민처럼 지냈지. 장은 원주민 말을 워낙 유창하게 해서 사무엘(또 나오는군)은 그를 통역관으로 삼았어 (통역관이란 서로 다른 언어를 알아들을 수 있게 전달하는 사람이다). 장이 가장 멋진 활약을 한 것은 1634년이었지. 사무엘은 원수로 지내는 두 부족을 화해시키려고 장을 멀리 휴런 호까지 보냈어. 태평양으로 이어지는 강줄기를 찾으라는 임무도 맡겼지. 장은 원주민 일곱 명을 안내자 삼아 커다란 카누에 몸을 실은 채 길을 떠났어. 장은 전혀 탐험가처럼 보이지 않았지. 기나긴 여행 중에도 형형색색의 새와 꽃이 수놓인 기다란 실크 옷을 입었거든. 머리 끝부터 발끝까지 호화롭게 치장한 셈이지. 원주민들은 말문이 막혀 당장 싸움하기를 멈추었다는군. 이렇게 늘 말쑥하던 니콜레는 태평양으로 이어지는 수로를 찾지는 못했지만 미시간 호를 발견하는 중요한 업적을 남겼어.

장 니콜레
(1598~1642)
국적: 프랑스

르네 로베르는 성직자 교육을 받다가 불현듯 교회를 뛰쳐나와 바다로 갔어. 1666년, 그는 배를 타고 캐나다로 가서 모피 무역을 시작했지. 그러나 한곳에 진득하게 머물기 싫었나 봐.
발바닥이 근질거릴 정도로 좀이 쑤셨던 르네는 호수를 이리저리 떠도는 여행에 관심을 가졌어. 그래서 그리폰이라는 배를 손수 만들어 이리 호와 휴런 호를 가로질렀지. 그다음에는 카누를 타고 미시간 호를 건너기도 했어. 왜냐고? 재미있으니까.
그런데 재수 없는 일이 터지고 말았어. 그럴싸하게 만든 그리폰 호가 꼬르륵 가라앉았고, 값비싼 모피는 물속에 푹 잠겨 버린 거야. 르네는 간신히 바위를 붙잡아 목숨을 건졌어. 그러나 르네는 실망하지 않고 금세 툭툭 털고 일어났지.
그는 다시 노를 저었으며, 유럽인으로는 처음으로 카누를 타고 미시시피 강을 따라 오대호부터 멕시코 만까지 다녀왔어. 그 당시로는 뒤로 나자빠질 사건이었지. 그러나 그의 최후는 비극적이었어. 1687년, 그의 부하들이 반란을 일으켰는데 그중 한 명이 르네를 쏘았지 뭐야. 흑흑!

르네 로베르 드 라 살레
(1643~1687)
국적: 프랑스

중요한 사실: 눈치채지 못한 사람도 있겠지만 모피 사냥꾼 자료실의 인물들은 몽땅 프랑스인이다. 오호, 이미 알고 있었다고? 프랑스가 모피 사냥에 열을 올린 이유는 패션의 중심지여서가 아니었다. 그 당시 캐나다에 처음 정착한 유럽인은 프랑스 모피 무역상이었다. 따라서 그들은 땅을 발견하는 즉시 자기의 모국인 프랑스에 땅의 권리를 주장했다. 사실 그곳은 대부분이 인디언 원주민들의 땅이었다. 그 결과 원주민 수천 명이 비참하게 죽음을 당하거나 멀리 달아나야 했다. 뿐만 아니라 프랑스인이나 외지 사람들이 옮긴 질병에 목숨을 잃는 사람도 많았다.

넘실넘실 호수 파일

이름: 오대호(슈피리어 호, 미시간 호, 휴런 호, 이리 호, 온타리오 호)
위치: 캐나다와 미국의 국경 지대
규모: 24만 5660km²(오대호 전체 지역)
최대 수심: 405m(슈피리어 호)
놀라운 사실:

- 거대한 빙하로 만들어졌으며 1만 8000년 전에 녹기 시작했다. 이리 호는 오대호 중에서 가장 오래되었으며 어림잡아 1만 년쯤 되었다고 추측한다.
- 오대호 중에서 슈피리어 호가 가장 크며, 전 세계에서도 가장 큰 담수호다.
- 오대호 중 가장 작은 호수는 온타리오 호다. 슈피리어 호의 4분의 1 크기다.
- 슈피리어 호, 휴런 호, 이리 호, 온타리오 호, 이 네 개의 커다란 호수는 미국과 캐나다의 국경에 자리 잡고 있다. 미시간 호만 온전히 미국에 있다.

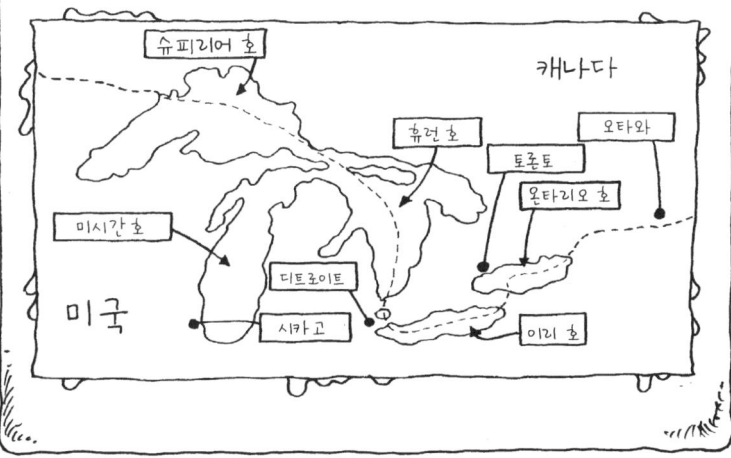

★ 요건 몰랐을걸!

미국인 피터 폰드('폰드'는 연못이라는 뜻-1740~1807)는 탐험가로, 이름에 딱 어울리는 인생을 살았다. 폰드의 아버지는 구두 만드는 사람이었고, 폰드에게는 어린 동생이 일곱 명이나 주렁주렁 딸려 있었다. 이러니 누군들 집에 붙어 있고 싶겠어! 1778년, 그는 찬 바람이 몰아치는 캐나다 북서부의 아사바스카 호 옆에 교역소를 세우고 모피 무역으로 한 푼 두 푼, 돈을 모았다. 그러다 호수를 떠돌아다니는 데 취미를 붙였다. 카누 여행을 시작한 폰드는 클리어워터 강을 따라 흘러가다 그레이트 슬레이브 호를 발견했다. 사람들은 폰드 앞에서는 벌벌 떨었다. 성질이 고약하기로 유명한 데다 이미 살인죄로 두 번이나 고소당했으니까. 사실 피트는 살인 사건과 아무 관계가 없었다. 그러나 결국 일을 그만두고 불명예스럽게 고향으로 돌아가야 했다.

강의 온천, 아니 원천을 찾아라

새로운 호수를 찾아내는 게 식은 죽 먹기라고? 그냥 지도를 딱 펼치고 장소만 고르면 될까? 그러나 지리 과목이 그렇듯이 호수 찾기도 생각처럼 만만치 않다. 우선, 아프리카는 땅 덩어리가 어마어마하게 큰 데다, 외지 사람이 아프리카로 들어와 호수를 볼 기회란 하늘의 별 따기였다. 그러나 19세기 들어 상황이 바뀌면서 용감무쌍한 유럽의 탐험가들이 앞다투어 아프리카로 떠났다(물론 아프리카 원주민들은 호수에 대해 벌써부터 알고 있었지만). 사실, 무모하기 짝이 없는 이들 탐험가들은 단순히 호수를 찾는 게 아니었다. 그들은 아직 밝혀지지 않은 나일 강의 원천*을 눈으로 직접 확인하고 싶어 했다.

원천이란 강이 시작하는 장소야. 김이 모락모락 오르는 온천이 아니지. 빙하나 계곡물이나 좀좀 새어 나오는 호수가 강의 원천이 되는 이이 많아.

강의 원천을 밝히려는(그러다가 결국 실패한) 수많은 지리학자 중에는 용감한 부부인 새뮤얼 베이커와 플로렌스 베이커도 있었다. 새뮤얼은 불가리아의 노예 시장에서 플로렌스를 본 순간 한눈에 반해 버렸다. 왠지 가슴이 뭉클해지지 않아? 그 이후로 두 사람은 한시도 떨어진 적이 없었다. 플로렌스는 워낙 영특했으니까 두 사람의 아프리카 모험 이야기를 비밀 일기에 남겨 두었을지도 모른다.

1862년 6월, 수단의 하르툼

드디어 도착! 아프리카에서 거의 일 년을 질질 끌다가 마침내 하르툼에 도착했다. 이렇게 오래 걸릴 줄은 꿈에도 몰랐다. 카이로에서 출발해 사막을 건너는데 가도 가도 끝이 없는 것 같았다(다시는 낙타 얼굴을 보고 싶지 않다!). 게다가 이 지역에서 쓰는 아라비아어를 배우느라 시간을 지체했다. 이제 내 입에서는 아라비아어가 술술 나온다. 그런데 여기는 왠지 간담이 서늘해지는 곳이다. 다행히 여기 오래 머물지 않아도 될 것 같다. 새뮤얼이 방금 런던에서 편지를 받았는데, 남쪽으로 1500km 떨어진 곤도코로에서 보급품을 가져가라는 내용이었다. 거기에 도착하는 즉시 나일 강의 원천을 찾으러 떠날 것이다. 만세! 이제는 배(그리고 뱃사람), 말, 당나귀, 호신용 무기, 앞으로 넉 달간 쓸 물건을 준비해야만 한다. 나 혼자서. 새뮤얼은 나에게 이 많은 일을 맡겨 놓고는 이 지역 유지들과 코끼리 사냥을 떠났다. 으이그.

1863년 2월, 아프리카의 곤도코로

우리는 배를 타고 일주일 전에 도착했다. 그런데 이곳은 하르툼보다 더 지독하다. 푹푹 찌는 데다 냄새는 얼마나 고약한지. 게다가 모기와 파리가 득시글거린다. 고양이만 한 커다란 쥐들이 돌아다닐 정도니 더 말할 필요도 없겠지. 아, 우리 안내자 중 한 명이 총에 맞아 죽었다. 늘 쾌활했던 새뮤얼조차도 얼굴에서 웃음기가 싹 사라졌다. 우린 드디어 새뮤얼의 오랜 친구인 그랜트*와 스피크*를 만났다(그들도 보급품이 필요하니까). 그들은 강을 따라 여행하다 막 돌아온 참이라 우리에게 몇 가지 소식을 전해 주었다. 안타깝게도 좋지 않은 소식이었다. 그들은 자기들이 발견한 빅토리아 호가 나일 강의 원천이라고 주장했다. 새뮤얼이 실망스러워하는 모습이라니. 그 사람이 그렇게 침울해하는 걸 본 적이 없다. 그런데 스피크가 나일 강으로 또 다른 커다란 호수가 흘러 들어오더라고 귀띔해 주었다. 그제야 새뮤얼의 얼굴이 밝아졌다. 그랜트는 우리에게 지도를 그려 주었다. 두 사람은 그 여행이 시간도 많이 걸리고 무척 힘들 테니 여자에게는 무리라고 충고했다. 쳇! 보란 듯이 해내고 말겠어.

* 영국 최고의 탐험가인 제임스 어거스터스 그랜트(1827~1892)와 존 해닝 스피크(1827~1864)이다. 대담한 베이커 부부처럼 그들 역시 몇 년간 나일 강의 원천을 찾아다녔어.

1864년 1월, 부니오로 왕국

여기까지 오는 데 일 년 남짓 걸렸다. 정말이지 끔찍한 여행이었다. 안내자들이 거의 다 도망쳤기 때문에 노예 상인들에게 신세를 져야만 했다(노예 상인이라면 이가 갈리건만). 더구나 날씨마저 왜 이런지. 우리는 몇 달간 한 발자국도 내딛지 못했다. 강물이 너무 많이 불어서 건널 수가 없었다. 가축은 반 정도 죽어 나갔으며 식량이 떨어진 바람에 풀이라도 뜯어 먹어야 했다. 엎친 데 덮친 격으로 새뮤얼과 나는 열이 펄펄 끓었다. 악몽에 시달리는 것 같았다. 겨우 몇 주 전에야 우리는 몸을 추슬렀고 곧이어 부니오로에 도착했다. 부니오로 왕은 성격이 어쩜 그리 괴팍한지. 선물(솔, 신발, 목걸이, 총, 페르시아 양탄자까지)을 잔뜩 안겼는데도 왕은 그리 탐탁해하는 표정이 아니었다. 알고 보니 다른 꿍꿍이가 있었다. 그는 새뮤얼이 호수를 찾으러 갈 때 나를 두고 가길 바랐다. 새뮤얼은 불같이 화를 내면서 왕을 당장 죽이겠다고 길길이 날뛰었다. 역시 나의 영웅이야! 분위기가 순식간에 험악해지자 새뮤얼은 하는 수 없이 가장 아끼는 컴퍼스와 영국에서 가져온 타탄 킬트(스코틀랜드 전통 의상인 체크무늬 치마 - 옮긴이)를 왕에게 바쳤다. 다행히도 왕이 순순히 받아들였다. 이제 우리는 막 출발하려고 한다. 여기에서 단 1초도 더 머물고 싶지 않다.

1864년 3월 14일,
우간다와 콩고의 국경에 있는 앨버트 호

드디어 우리가 해냈다. 그러나 일기를 쓰는 순간에도 우리가 이뤄냈다는 사실이 믿기지 않는다. 우린 숨이 턱턱 막히는 더위 속에서도 매일 몇 킬로미터씩 이동했다. 새뮤얼은 완전히 기운이 빠져 타고 있던 소에서 떨어지고 말았다(몇 군데 심하게 멍이 들고 자존심이 구겨진 것 빼고는 괜찮다). 난 며칠 동안 심하게 앓았다. 새뮤얼은 가망이 없다고 생각해 내 무덤을 파려던 참이었다. 그러나 아슬아슬하게 눈을 떴다. 눈을 못 떴다면 새뮤얼의 손에 산 채로 묻힐 뻔했다! 그래도 이젠 둘 다 멀쩡하다. 몇 달 동안 죽을 고비를 넘기고서야 드디어 호수에 도착했다. 얼마나 아름답던지 입이 저절로 벌어졌다. 눈이 닿는 곳마다 물이 반짝거렸다. 새뮤얼은 벌써 앨버트(빅토리아 여왕의 죽은 남편의 이름을 따서) 호라는 이름을 붙였다. 근사한 이름이다. 새뮤얼은 그랜트와 스피크가 뭐라고 주장하든 이 호수야말로 나일 강의 원천이라고 굳게 믿었다. 어쨌든 난 아름다운 호수에 풍덩 뛰어들어야겠다.

드디어 나일 강의 원천을 찾아내다

안타깝지만 새뮤얼과 플로렌스의 고통스러운 여행을 통해 스피크의 말이 옳은 걸로 밝혀졌다. 나일 강의 원천은 빅토리아 호에서 흘러나온 강물이었다. 앨버트 호(아프리카에서 일곱 번째로 큰 호수다)와 나일 강이 이어진 건 사실이지만, 앨버트 호가 출발점이 아니라 나일 강에서 앨버트 호로 빠져나갔다. 베이커 부부는 매우 실망했지만 개척자답게 앨버트 호를 지도에 올렸으며, 훗날 두 사람의 이름은 지리책의 한 줄을 차지했다. 그리고 고국으로 돌아온 두 사람은 영웅 대접을 받았다.

호수 탐험을 떠나 보자

손에 땀이 나고 심장이 벌렁벌렁 뛴다고? 그렇다면 여러분이 환호성을 지를 만한 소식이 기다리고 있다. 그런데 용기가 살짝 필요하다. 오늘날의 호수 탐험은 무턱대고 우왕좌왕 쫓아다니는 것과 차원이 다르다. 우선, 여러분이 찾으려는 생물은 아둔한 얼간이가 아니라 신비에 싸인 존재다. 좋아, 과연 누굴까? 바로 호수 괴물을 찾으러 떠날 참이다. 그렇다고 바싹 얼 것까지는 없다.

혼자 용감하게 괴물을 잡을 수 있을까?

제1단계: 호수를 고른다.

가장 유명한 호수는 네스 호다. 그러나 괴물이 있을 거라고 여겨지는 호수는 그 외에도 무지 많다. 소문에 따르면 호수 수백 군데에 비슷비슷한 괴물이 살고 있다. 미국의 섐플레인 호(어디에선가 들어 본 이름이라고? 맞다. 1609년 이 호수를 발견한 탐험가 사무엘 드 샹플랭을 미국식으로 바꾼 이름이다)를 예로 들어 보자.

호수 괴물에 대한 이야기를 하려면 수백 년 전으로 거슬러 올라가야 한다. '챔프'라는 별명이 붙은 이 괴물은 뱀처럼 구불구불 긴 목에 여러 개의 혹이 등에 불쑥불쑥 튀어나왔다. 그렇지만 챔프를 본 적이 없더라도 실망할 필요는 없다.

다른 호수 괴물로는 뭐가 있을까? 오고포고(캐나다의 오카나간 호), 잇시(일본의 이케다 호) 등이 있다.

제2단계: 괴물 잡을 장비를 싣는다.

괴물 사냥을 떠나기 전에 적당한 장비를 마련해야 한다. 미리 말해 두는데 가격이 어마어마하니 저축부터 하는 편이 좋을 거다. 그 정도쯤이야 척척 쓸 자신이 있다면 다음을 참고하라.

• **배 한 척**: 호수 위에서 오랫동안 머물러야 하니 편의 시설을 두루 갖추어야 한다.

• **수중 음파 탐지기**: 비싸지만 괴물을 쫓으려면 꼭 필요하다. 뱃전에 늘어뜨릴 수 있는 것으로 산다. 수중 음파 탐지기는 소리를 이용해 물고기 떼나 고래 또는 괴물 같은 수중 물체를 찾을 수 있는 장비다. 그러니 괴물을 찾는 건 땅 짚고 헤엄치기나 다름없다. 수중 음파 탐지기 사용 방법을 간단히 설명하겠다.

1. 수중 음파 탐지기는 고음의 '핑' 소리를 낸다(아주 높은 음이라 똑똑히 들린다).

2. 소리의 파장이 물속의 물체에 부딪히면……

3. 튕겨 올라가며 메아리친다.

4. 기계는 물체가 얼마나 떨어져 있는지 계산하고,

5. 그 위치를 화면으로 보여 준다.

- **잠수 카메라**: 괴물을 슬그머니 찍을 때 꼭 필요한 장비. 방수가 되는 제품인지 확인할 것.

- **괴물 크기의 그물**(필요한 경우)

제3단계: 증거를 모은다.

이제껏 호수 괴물이 나타났다는 제보는 수백 건이 넘는다. 그러나 전문적인(또는 비전문적인) 과학 탐사대도 괴물을 잡아내지 못했다. 괴물 사진을 보면 누구나 처음에는 입이 헤벌쭉 벌어진다. 그렇지만 그 사진이 가짜가 아니란 걸 어떻게 믿어?

1934년, 런던의 권위 있는 외과 의사가 찍은 사진이 전 세계 사람들을 깜짝 놀라게 했다. 호수 위로 네스 호 괴물이 긴 목을 쑤욱 내밀고 있었던 것이다. 괴물 사진은 과연 진짜인지 의견이 분분했다. 몇 년 후, 그 사진이 거짓이었다는 사실이 만천하에 드러났다. 사진 속의 물체는 장난감 잠수함 위에 기다란 플라스틱 관을 꽂아 놓은 것이었을 뿐, 호수 괴물이 아니었다. 사진의 배경이 된 호수조차 가짜였다.

앗, 세상에 이런 일이!

여러분은 수중 음파 탐지기로 호수를 샅샅이 뒤졌으며 증거 자료도 산처럼 쌓아 놓았다. 따라서 괴물이 바닥 어딘가에 있다고 99.99% 확신한다. 그렇더라도 이 점만은 명심하라. 여러분의 말을 믿어 줄 사람이 별로 없다는 것. 많은 사람들이 호수 괴물이 있다는 주장을 비웃는다. 그들은 괴물을 쫓아다니는 사람들을 무조건 얼빠진 인간으로 취급하기 일쑤다. 여러분이 아무리 괴물을 보았다고 설명해도, 지나가는 배가 일으킨 물보라거나 떠다니는 물풀이거나 불안한 정진동*이라고 무시해 버린다. 심지어 부서지는 햇빛이나 호수의 물그림자가 잠깐 여러분의 눈을 혼란하게 한 거라고 주장한다.

*자세하게 설명하자면 정진동(세이시)은 욕조의 물이 찰랑거리듯 호수에서 거대한 파도가 위아래로 출렁거리는 현상이다. 정진동은 강풍이나 폭풍우, 지진 때문에 일어난다(뉴질랜드의 옛이야기에서는 호수의 거인이 숨을 들이마시고 내쉬는 것으로 정진동을 해석했다). 1755년에 포르투갈의 리스본에서 지진이 일어났을 때, 멀리 떨어진 네스 호에서 어마어마한 규모의 정진동이 발생했다. 다시 말해 몹시 출렁거렸다는 뜻이다.

거대한 파도라고? 흥! 내가 얼마나 기분 나쁜 줄 알아?

진정해, 더 심한 이야기도 있었잖아.

괴물의 숨바꼭질

자, 머리에 붙은 물풀을 떼어 내고 여기저기 묻은 물도 닦아 내자. 그동안 이야기 하나 들려주지. 가장 유명한 호수 괴물을 잡으려고 기다리다가 이런 일을 겪기도 했다.

1972년 6월의 포근한 여름날 오후였다. 미국의 과학자이자 괴물 사냥꾼인 로버트 라인스는 스코틀랜드의 네스 호 옆에 있는 숙소에서 친구들과 아내와 한가롭게 차를 마시고 있었다. 이상한 낌새는 전혀 없었다. 그러나 이 평화로운 순간은 곧 막을 내렸다. 라인스 박사의 친구인 배실 캐리는 차를 마신 뒤에 담배를 피우려고 오두막 밖으로 나

후루룩!

섰다. 1~2초 뒤에 다급한 외침이 공기를 갈랐다.
"나와! 빨리 나와 봐!"
캐리의 외침이었다.
"망원경 가지고 나와."

라인스 박사는 밖으로 후다닥 튀어 나가 물가로 달려갔다. 망원경을 들여다본 순간, 박사는 눈을 의심했다. 커다랗고 둥그런 혹이 호수를 느릿느릿 가로지르는 게 아닌가. 크기는 보트를 뒤집어 놓을 정도였다. 그러나 분명히 낡은 배는 아니었다. 망원경으로 본 혹은 회색이었고, 코끼리 피부처럼 거칠었다. 그렇지만 코끼리는 아니었다. 라인스 박사가 놀라움에 가득 차서 바라보는 순간, 혹이 방향을 바꿔 박사 쪽으로 곧장 다가왔다. 그러더니 홀연히 호수 아래로 사라졌다. 도대체 그 혹은 어디에 달려 있던 걸까? 라인스는 다름 아닌 네스 호의 신비한 괴물이 확실하다고 여겼다.

훗날 라인스는 그 운명적인 날을 다음과 같이 설명했다.
"등골이 서늘했지요."

그는 행복에 겨운 한숨을 내쉬며 그때를 돌이켜 보았다.
"목숨이 붙어 있는 한 절대 잊지 못할 겁니다. 거기 분명히 있었어요. 그건 살아 숨 쉬는 동물이었다고요!"

그렇다면 정말로 네스 호에 괴물이 사는 걸까? 아니면 약간 나사가 빠진 박사가 상상력을 발휘해 허풍을 떨었을까? 궁금하면 계속 읽어 보시라.

괴물에 미치다

신비한 네스 호는 스코틀랜드의 어느 마을에 있으며 고대 빙하의 움직임으로 생겨난 커다란 호수다. 빙하가 녹으면서 얼음처럼 차가운 물이 푹 파인 땅에 가득 찼다. 어두침침한 호수 밑바닥에 괴물이 돌아다닌다는 이야기에 흥분을 감추지 못한 사람은 라인스 박사만이 아니었다. 수백 년 동안 정체 모를 이 괴물에 대한 수천 개의 섬뜩섬뜩한 소문이 퍼져 나갔다. 어떻게 시작된 이야기일까?

6세기에 아일랜드의 방랑 수도승은 무시무시한 괴물이 호수 위로 고개를 쑥 내미는 모습을 보았다. 그는 온유한 수도승답게 부드러운 목소리로 타일렀고 괴물은 꼬리를 감추며 사라졌다. 뭐, 확실히 밝혀진 사실은 아니지만.

1933년, 호숫가를 따라 길을 내자 호수의 모습이 또렷해졌다. 신문사들이 괴물 목격담을 싣기 시작했다. 그렇다면 괴물은 정확히 어떤 모습일까? 이상하게도 제각각이었다. 우선, 거대한 개구리처럼 생겼다는 주장이 나왔다. 그뿐만이 아니었다. 커다란 달팽이 같다는 사람도 있었다(껍데기가 없는). 어떤 사람은 등에 혹이 하나 달렸다고 말했다. 혹이 일곱 개 이상이라고 우기는 사람도 있었다. 누구 말을 믿어야 할지 헷갈릴 정도였다. 어떤 서커스의 괴짜 단장은 자기 쇼에 괴물을 출연시키고 싶어 했다. 그는 눈이 튀어나올 만한 보상금을 내걸며 괴물을 넣을 커다란 우리까지 준비했다.

수백 명의 괴물 사냥꾼이 이 기회에 한몫 잡으려고 네스 호로 벌 떼처럼 우르르 몰려들었다.

어떤 신문사는 최고의 사냥꾼을 고용해 괴물을 추적했다. 사냥꾼은 호숫가에서 괴물 발자국 크기의 흔적을 발견했다. 신문사는 세상을 발칵 뒤집을 특종을 잡았다며 기뻐했다. 이렇게 운이 좋다니. 발자국을 그대로 본떠 런던의 자연사박물관으로 보냈다. 과학자들은 이 괴이한 발자국이 누구 것인지 밝혀내려고 열심히 연구했다.

마침내 드러난 사실은? 발자국은 괴물과 아무런 상관이 없었다. 하마 발자국 모양의 우산꽂이로 꾹꾹 눌러 놓은 것이었다. 말하자면 엄청난 실수를 저지른 셈이었다.

논란은 불러일으킨 괴물 사진

여름에 괴물과 처음 마주쳤던 라인스 박사는 몇 달 뒤에 네스 호로 돌아왔다. 깊고 깊은 호수는 음산한 데다 냉기마저 감돌았다. 몇 킬로미터에 이르는 넓고 우중충하고 바닥이 보이지 않는 호수에서 뭔가를 찾는다는 건 모래사장에서 바늘 찾기나 다름없었다.

그래서 우리의 용감한 박사는 전문가와 함께 배에 우수한 장비를 산더미처럼 쌓아 올리고 돌아왔다. 복잡한 음파 탐지기, 전등, 자동카메라 등이었다. 음파 탐지기로 괴물의 위치를 확인한 다음에 증거가 될 사진을 찍을 셈이었다.

과연 이 값비싼 장비들은 제 몫을 했을까? 그게, 그렇다고 할 수도 있고, 아니기도 하고! 몇 주 동안 눈이 빠져라 기다린 끝에 일이 제대로 이뤄지는 듯했다.

어느 안개 자욱한 이른 아침, 카메라에 2m가량의 커다란 마름모꼴 지느러미가 찍혔다! 과연 괴물의 지느러미일까? 아니면 괴짜 라인스가 드디어 휙 돌아 버린 걸까? 괴물처럼 보이는 물체의 머리와 몸도 다른 사진에 나타났다. 이 사진들은 조작한 걸까? 아니면 진짜일까? 과학자들은 입씨름만 벌일 뿐, 의견의 결론을 내리지 못했다.

몇몇 과학자는 그 사진을 진짜라고 믿으며 멋들어진 학명까지 붙였다. 네시테라 롬봅테릭스(Nessitera Rhombopteryx*)라고 지었는데, 지느러미가 장사방형이었기 때문이다(장사방형은 마름모꼴을 뜻하며 영어로 'rhomboid'이다).

과학자들은 자기들이 내린 결론을 서둘러 발표했다. 영국 의회에서까지 괴물을 두고 침을 튀기며 토론하기도 했다. 어느 과학자는 대뜸 나서서 그 괴물은 목이 기다란 거북이 같은 공룡인 플레시오사우루스라고 주장했다. 괴물이 바다에서 헤엄치며 거슬러 올라가다가 네스 호에 이르렀다는 거다. 그러나 다른 과학자들은 그 의견에 코웃음을 치며 미심쩍어했다. 눈이라도 게슴츠레 떠야 겨우 괴물 비슷하게 보이니 썩은 나무 그루터기를 찍은 게 아니냐면서 말이다. 게다가 플레시오사우루스는 따뜻한 바다에서 살던 동물이 아닌가. 이렇게 덜덜 떨리도록 추운 호숫가에서는 하루 이틀만 지내도 꽁꽁 얼어 죽을 게 분명했다. 또 지구상에서 사라진 지 이미 수백만 년이 넘은 동물이었다.

끈질긴 추적을 계속하다

라인스 박사는 말 많은 과학자들 때문에 괴물에게 관심을 끊었을까? 천만의 말씀. 그러나 다른 일을 하느라 눈코 뜰 새 없던 박사는 25년이 흘러서야 호수로 돌아왔다. 이번에는 수중 탐사에 능숙한 음파 탐지기 전문가를 데려왔다. 괴물을 잡을 수 있는 만반의 준비를 마친 셈이다. 라인스 박사는 GPS와 같은 최첨단 장비도 썼다. 음파 탐지기로 호수를 샅샅이 살펴 목표물을 찾은 다음에 GPS로 정확한 위치를 추적할 계획이었다. 이어서 카메라를 실은 다른 배를 띄워 하나라도 빠짐없이 카메라에 담기만 하면 되었다.

이번엔 괴물의 신비를 벗길 수 있을까? 주어진 시간은 단 5일이었다. 박사는 비디오에 다음과 같이 일기를 남겼을지도 모른다.

제2일, 네스 호에서(다시)

못 견딜 만큼 실망스럽다. 오늘 음파 탐지기는 별 볼일 없는 물고기 몇 마리에 깜박거렸다. 쳇! 네시처럼 보인 것도 다 착각이었다. 그러나 포기할 수 없다. 그렇고말고. 호수 어딘가에 괴물이 있다는 걸 나는 안다. 몸 전체로 느낄 수 있다.
덧붙임. 새 카메라는 아직 도착하지 않았다. 으이그.

제3일, 어커트 만

땅거미가 내려앉은 뒤에 일급 사진사인 찰스 와이코프와 음파 탐지기 배를 타고 나갔다. 우리 호수 가장 깊은 곳인 어커트 만을 샅샅이 뒤져 보기로 했다. 몇 시간 동안 아무것도 발견하지 못하다 느닷없이 화면에 뭔가 나타났다. 길이가 5m되는 물체였다. GPS를 써서 그 지역을 다시 조사했다. 물체가 여전히 그곳에 있다면 별 볼일 없는 바위나 통나무겠지. 아니라면 움직일 테고.

제4일, 네스 호(호숫가)

오늘 아침에 반가운 일이 있었다. 카메라가 새로 도착했는데 최고다. 물속에서도 먼 곳까지 보이고, 몇백 미터쯤 내려가는 건 문제도 아니다. 드디어 일을 시작하게 되었다. 내일 괴물 찾을 일을 생각하면 조바심이 날 정도다(꼭 찾아야 할 텐데).

제5일, 어커트 만(다시)

호수에서 보내는 마지막 날. 호수는 쥐 죽은 듯 고요하고 잠잠하기만 하다. 괴물을 잡기에는 안성맞춤이다. 배에 새로운 카메라를 실었다. 이번에는 확실히 소리가 났다. 늦은 아침에 음파 탐지기에 25m짜리 물체가 나타났다. 한 번 더! 다시 또 한 번! 그러나 카메라는 그 모습을 담지 못했다. 그 약삭빠른 놈은 순식간에 사라졌다! 너무 분하다. 괴물을 찾았다 싶었는데 결국 호수 바닥의 바위였다. 어쩔 수 없지. 한 가지만은 분명하다. 난 반드시 돌아온다.

넘실넘실 호수 파일

이름: 네스 호(Losh Ness, 로시 네스)
위치: 스코틀랜드
크기: 57km²
최대 수심: 240m
놀라운 사실:

- 로시는 스코틀랜드어로 '호수'라는 뜻이다. 영어식 정식 이름인 레이크 네스 몬스터(Lake Ness Monster, 네스 괴물호)라고 하면 어쩐지 어색하다.
- 브리튼(잉글랜드, 웨일스, 스코틀랜드를 통틀어 이르는 말-옮긴이)에서 가장 큰 담수호다.
- 지각의 거대한 틈에 자리 잡고 있으며 까마득한 옛날에 빙하가 부딪치며 형성되었다. 얼음이 녹지 않았던 1만 2000년 전에는 호수가 단단한 빙하로 덮여 있었다.
- 괴물 추적에 마음이 자꾸 쏠린다면 우선 네스 괴물 공식 팬클럽에 가입해 활동해 보는 건 어때?.

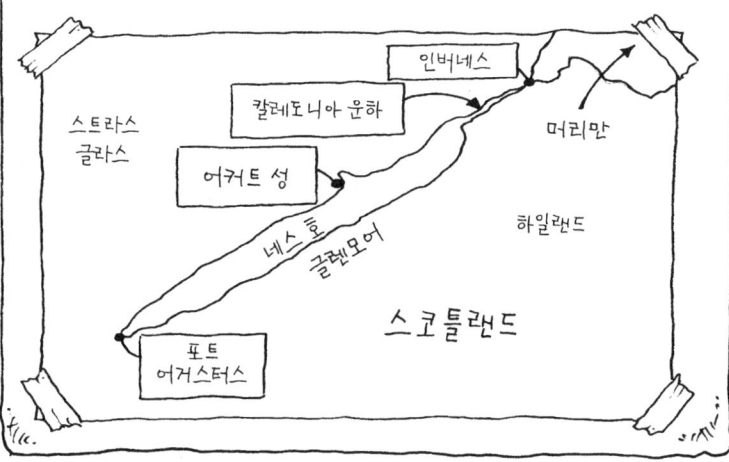

줄줄 새는 호수

아직 호수 괴물을 찾아 나서지 못했다면 어서 서두르도록. 전 세계의 호수들이 서서히 최후를 맞고 있으니까. 수천 년 동안 몇몇 호수의 물이 서서히 빠져나가고 있는데 그걸 막을 방법이 없다. 그리고 호수 중에서 절반은 못돼먹은 사람들 때문에 위험에 처했다(호수의 물을 마시며 물고기로 생계를 꾸려 가는 수백만 명의 사람에게는 정말 안타까운 일이다). 그렇다면 욕심에 눈먼 사람들이 저지른 추악한 짓은 무엇일까?

호수에 마음 놓고 뛰어들 수 없는 답답한 이유 네 가지

1. 더러운 물. 맑고 깨끗한 물은 옛말이 되고 말았다. 어떤 호수는 심하게 오염되어 사망 선고를 받은 곳도 있다. 그 밖에도 엉망진창인 호수가 수두룩하다. 시베리아의 바이칼 호가 좋은 본보기다. 예전에는 유리구슬처럼 투명했지만 이젠 호숫가의 종이 공장에서 나온 폐수로 오염되었다. 공장에서는 매해 수십억 톤의 폐수를 호수로 쏟아붓는다. 그 바람에 물은 눈살을 찌푸릴 만큼 더러워졌고, 그 때문에 소중한 동식물은 목숨이 간당간당하다.

더구나 호수가 워낙 커서 강물이 흘러들어 새로 바뀐다고 해도 400년이나 걸린다. 유독성 오염물질이 적어도 수백 년간 떠다닐 수밖에 없다는 얘기다.

2. 질식할 정도로 고약한 녹색 더껑이. 어떤 지역에서는 악취가 풀풀 풍기는 오물을 냅다 호수로 버린다. 또 논밭의 화학 비료와 살충제가 빗물에 씻겨 호수로 들어가 심각한 문제를 일으키기도 한다. 즉, 오물과 화학 물질이 녹조류 등을 오염시킨다.

이 녹조류 등이 번식해 메스꺼운 냄새가 진동하는 초록색 점액이 되어 호수를 뒤덮는다. 호수를 잔뜩 메운 점액질은 수중 식물에게 꼭 필요한 햇빛을 막는다. 게다가 녹조류 등이 죽거나 썩으면서 산소를 많이 소비하기 때문에 물고기나 다른 수중 생물은 숨을 쉴 수가 없다.

위험한 건 아니지만 악취가 솔솔 풍기는 질척한 완두콩 수프 속에서 물장구칠 맛이 나겠냐고!

3. 치명적인 독성 물질에 감염된 물고기. 스칸디나비아에서는 수천 개의 호수에 살던 물고기들이 산성비 때문에 죽음을 맞이했다. 산성비가 내리는 원인은 무엇일까? 우선, 자동차와 공장에서 나온 매연이 공기 중으로 올라가 바람을 타고 수천

킬로미터를 날아간다. 연기 속의 유독성 가스는 수증기와 햇빛과 결합해 적은 양이지만 치명적인 산을 만들어 낸다. 그리고 비에 섞여 땅에 떨어진다. 산성비는 호수로 곧장 떨어진다. 땅에 떨어진 산성비 역시 호수로 흘러 들어가 물고기를 죽이거나 오염시킨다. 이 오염된 물고기를 먹은 사람들(또는 다른 동물) 역시 목숨이 위태로울 수 있다.

4. 바싹 말라 버린 호수. 사람들은 호수의 물을 마실 뿐만 아니라 논밭이나 공장에 끌어다 쓴다. 따라서 호수는 엄청나게 시달린다. 무엇보다도 꼬리를 물고 이어지는 악순환이 문제다.

사람이 살아가려면 호수가 필요하다. 그런데도 사람들은 소중한 물을 바닥내고 원천을 막아 버린다. 결국 사용할 수 있는 호수가 사라진다는 뜻이다. 농사를 지으려고 많은 물을 뽑아내는 바람에 호수는 3분의 1로 줄어들었다. 블레이크 특파원을 보내 그 사건을 밀착 취재했다.

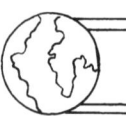

지구일보 _{특별 취재}

호소하는 호수!

자꾸만 줄어드는 아랄 해의 깜짝 놀랄 진실

아랄 해 (1960년)

아랄 해 (1995년)

저는 현재 중앙아시아의 아랄 해에서 무슨 일이 벌어졌는지 확인하고 있습니다. 호수가 줄어든다는 소식을 듣고 아랄 보러, 아니, 알아보러 직접 왔습니다.

안타깝게도 그 소식은 사실이었습니다. 이 거대한 호수는 지난 40년간 3분의 2가 말라 버렸습니다(이리 호와 온타리오 호가 텅 비어 버린 거나 마찬가지다). 어떻게 이처럼 황당한 일이 일어났을까요?

짠물인 아랄 해는 6만 8000km² 에 이르러 얼마 전까지 세계에서 네 번째로 큰 호수였습니다. 그러나 호수의 물이 급격히 줄어들고 있습니다. 1960년대에 어마어마한 인공 수로를 만들어 강의 물줄기를 바꾸었습니다. 강물은 수백 킬로미터 떨어진 농지로 흘러 들어갔지요. 그 결과, 호수로 들어가던 강물의 10분의 1이 줄어들었습니다. 호수로 이어지던 강줄기는 삽시간에 말라 버리고 말았습니다. 이제는 그곳을 건널 때 배를 탈 필요가 없게 되었습니다. 차라리 낙타가 딱 어울리겠군요.

뿐만 아니라 아랄 해의 소금기가 자꾸 늘어나면서 호수를 위기에 빠뜨리고 있습니다. 그 지역의 어부들은 연간 5만 t이라는 엄청난 규모의 물고기를 잡았으나 이제는 옛날이야기가 되고 말았습니다. 더구나 호수는 혀를 내두를 만큼 빠르게 줄어들어 항구마다 찬 바람만 불고 있는 형편입니다.

아랄 해는 앞으로 어떻게 될까요? 한시라도 빨리 손을 쓰지 않으면 호수는 15년이나 20년 후에 완전히 사라질 겁니다. 1990년대에 폭우가 쏟아지면서 호수의 물이 차오르긴 했습니다. 그러나 물이 부족한 호수의 미래는 어둡기 짝이 없습니다. 안타깝게도 호수 주변의 나라들은 아랄 해를 구하는 일에 시큰둥합니다. 각자 자기 나라의 몫에 해당하는 물을 차지하려고 티격태격 실랑이를 벌일 뿐입니다.

앗, 세상에 이런 일이!

부레옥잠은 자주색 꽃을 피우는 곱디고운 수생 식물이다. 아무리 봐도 해로워 보이지 않는다. 그러나 자리를 몽땅 차지해 버린다는 게 문제다. 이리저리 얽힌 덩굴손 때문에 어선이 꼼짝 못할 정도로 부레옥잠은 호수 밑바닥을 뒤덮어 버린다. 게다가 이 끈덕진 식물을 없애는 건 만만치 않다. 아무리 잘라 내 봐도 일주일도 안 되어 두 배로 늘어난다! 빅토리아 호 주변의 마을 사람들은 주술사의 힘을 빌려 지긋지긋한 물풀을 없애기로 했다. 주술사는 온갖 노력을 기울였으나 다 헛수고로 돌아갔기에 미리 받은 돈을 고스란히 내놓아야만 했다. 마을 사람들은 끈질긴 물풀을 없애려고 다른 방법을 썼다. 그들은 바구미라는 벌레를 몇 통씩 물에 풀어 물풀을 먹게 했다. 결과는? 대성공이었다. 포동포동해진 바구미들은 아직까지도 물 위를 떠다니고 있다.

우리의 미래는 어떻게 될까?

너무 실망하거나 근심하지 마라. 나쁜 소식만 있는 건 아니니까. 전 세계 곳곳에서 사람들이 인류의 미래를 위해 호수를 깨끗이 지키려고 구슬땀을 흘린다. 이미 갖가지 계획이 마련되었고 캘리포니아의 모노 호 같은 호수에서 착착 진행되고 있다.

수백 년 동안 이 자그마한 호수는 고요하게 흔들리며 수백 종류의 동식물에게 보금자리가 되었다. 그런데 1940년대에 거대한 도시 로스앤젤레스가 모노 호로 들어가는 강물을 식수로 삼았다. 그러자 호수의 물높이가 급격히 낮아지면서 호수는 위기를 맞이했다.

그 지역 주민들은 몇 년 동안 호수를 살리려고 갖은 애를 다 썼다. 이제 드디어 노력의 결과가 보이기 시작한다. 물은 여전히 로스앤젤레스로 흘러 들어가지만 전보다는 양이 훨씬 줄어들었다. 호수의 물높이가 점차 올라가기 시작하던 날, 모두 기쁨을 감추지 못했다.

★ 요건 몰랐을걸!

호주의 스키 휴양소 직원들은 호수를 보호할 기발한 아이디어를 내놓았다. 이제껏 이 스키장에서는 경사면에 눈을 뿌리느라 매년 3억 L에 이르는 물을 호수에서 끌어 왔다. 그래서 머리를 맞대고 생각을 모은 결과, 물 대신 오줌을 썼다. 그렇지! 수천 명에 달하는 스키어들의 오줌을 눈으로 만들었다. 오줌은 정화 작용을 거쳐 눈으로 변했으며 호수는 평온함을 유지하게 되었다.

현장 학습이 드디어 끝났으니 이제 집으로 돌아갈 시간이다. 여러분은 평생 기억에 남을 정도로 엄청나게 많은 호수를 보았다. 아쉽게도 신비에 잠긴 호수 괴물을 찾지는 못했지만.

앗, 잠깐 기다려. 물풀 사이에서 어슬렁어슬렁 나오는 저 우중충한 그림자는 무엇이란 말인가? 초록색 점액을 왕창 뒤집어 쓴 데다 칙칙한 물풀이 여기저기 잔뜩 붙어 있잖아? 한 발 두 발 여러분에게 다가오는 저 그림자의 정체는…….

겁먹지 마라. 비밀에 휩싸인 괴물은 아니었다. 그랬더라면 차라리 신 날 텐데. 하필 홀딱 젖은 지리 선생님이라니. 아무래도 호수의 물이 여기저기 튀어오를 만큼 첨벙 빠졌나 보군.

넘실넘실 호수가 여전히 궁금하다면 아래의 사이트를 참고하도록
(단, 영어로 되어 있다는 것을 기억하길)!

www.worldatlas.com
전 세계의 호수에 대한 지식과 모습을 찾아볼 수 있다.

www.livinglakes.org
전 세계 호수와 생태, 사람들을 살필 수 있는 국제적인 단체.

www.nessie.co.uk
네시에 대한 갖가지 정보와 사진, 목격담을 비롯해 음파 탐지기 기록까지 있는 탁월한 웹사이트다.

www.great-lakes.net
오대호에 대한 정보와 몇 가지 위험 사항을 질문과 답변 형식으로 알아본다.

www.shipwreckmuseum.com
오대호 바닥에 가라앉았던 배를 볼 수 있으며, 오대호의 물줄기가 어떻게 만나는지 알게 된다.

www.ramsar.org
람사협약 웹사이트로, 세계 습지(호수, 강, 늪, 연못)를 보호하고자 노력하며 특별히 '세계 습지의 날'을 제정했다.

www.mltm.go.kr
국내 사이트도 하나 소개해야겠지? 국토해양부에 가면 각종 지리 정보를 얻을 수 있다.

앗, 시리즈 (전 70권)

앗, 이렇게 재미있는 수학이!

어렵고 지루했던 수학이 순식간에 쉽고 즐거워집니다. 수학의 기초 원리에서부터 응용까지, 다양한 정보와 교양을 골라서 일목요연하게 정리해 줍니다.

01 수학이 모두 모여 수군수군
02 수학이 수리수리 마술이
03 수학이 수군수군
04 수학이 또 수군수군
05 수학이 자꾸 수군수군 1. 셈
06 수학이 자꾸 수군수군 2. 분수
07 수학이 자꾸 수군수군 3. 확률
08 수학이 자꾸 수군수군 4. 측정
09 대수와 방정맞은 방정식
10 도형이 도리도리
11 섬뜩섬뜩 삼각법
12 이상야릇 수의 세계
13 수학 공식이 꼬물꼬물
14 수학이 꿈틀꿈틀

앗, 시리즈 (전 70권)

앗, 이렇게 재미있는 과학이!

어렵고 지루했던 과학이 순식간에 쉽고 즐거워집니다. 복잡한 현대 과학의 기초 원리에서부터 응용까지 다루고 있으며, 다양한 정보와 교양을 골라서 일목요연하게 정리해 줍니다.

- 15 물리가 물렁물렁
- 16 화학이 화끈화끈
- 17 우주가 우왕좌왕
- 18 구석구석 인체 탐험
- 19 식물이 시끌시끌
- 20 벌레가 벌렁벌렁
- 21 동물이 뒹굴뒹굴
- 22 화산이 왈칵왈칵
- 23 소리가 속삭속삭
- 24 진화가 진짜진짜
- 25 꼬르륵 뱃속여행
- 26 두뇌가 뒤죽박죽
- 27 번들번들 빛나리
- 28 전기가 찌릿찌릿
- 29 과학자는 괴로워?
- 30 공룡이 용용 죽겠지
- 31 질병이 지끈지끈
- 32 지진이 우르쾅쾅
- 33 오싹오싹 무서운 독
- 34 에너지가 불끈불끈
- 35 태양계가 티격태격
- 36 튼튼탄탄 내 몸 관리
- 37 똑딱똑딱 시간 여행
- 38 미생물이 미끌미끌
- 39 의학이 으악으악
- 40 노발대발 야생동물
- 41 뜨끈뜨끈 지구 온난화
- 42 생각번뜩 아인슈타인
- 43 과학 천재 아이작 뉴턴
- 44 소름 돋는 과학 퀴즈

앗, 시리즈 (전 70권)

앗, 이렇게 재미있는 사회·역사가!

어렵고 지루했던 사회·역사가 순식간에 쉽고 즐거워집니다. 사회·역사와 담을 쌓았던 친구들에게 생생한 학습 의욕을 불어넣어 줄, 꼭 필요한 정보와 교양만을 골라서 일목요연하게 정리해 줍니다.

- 45 바다가 바글바글
- 46 강물이 꾸물꾸물
- 47 폭풍이 푸하푸하
- 48 사막이 바싹바싹
- 49 높은 산이 아찔아찔
- 50 호수가 넘실넘실
- 51 오들오들 남극북극
- 52 우글우글 열대우림
- 53 올록볼록 올림픽
- 54 와글와글 월드컵
- 55 파고 파헤치는 고고학
- 56 이왕이면 이집트
- 57 그럴싸한 그리스
- 58 모든 길은 로마로
- 59 아슬아슬 아스텍
- 60 잉카가 이크이크
- 61 들썩들썩 석기 시대
- 62 어두컴컴 중세 시대
- 63 쿵쿵쾅쾅 제1차 세계 대전
- 64 쾅쾅탕탕 제2차 세계 대전
- 65 야심만만 알렉산더
- 66 위풍당당 엘리자베스 1세
- 67 위엄가득 빅토리아 여왕
- 68 비밀의 왕 투탕카멘
- 69 최강 여왕 클레오파트라
- 70 만능 천재 레오나르도 다 빈치